BIBLIOTHÈQUE POSITIVISTE

VULGARISATION DU POSITIVISME

PREMIERE SERIE

DU MÊME AUTEUR :

CATALOGUE chronologique des tremblements de terre ressentis dans les Indes-Occidentales de 1530 à 1858. In-8° raisin de 76 pages.

RELATION HISTORIQUE et théorie des images photo-électriques de la foudre, observées depuis 360 jusqu'en 1860. 2ᵉ édit. in-12 de 110 pages. Gauthier-Villards.

TABLE CHRONOLOGIQUE de quatre cents cyclones éprouvés aux Antilles de 1493 à 1855. 1862. 2ᵉ édit. in-8° de 49 pages, Dépôt des cartes et plans de la Marine, n° 348.

BIBLIOGRAPHIE CYCLONIQUE comprenant 1008 articles. 1866, 2ᵉ édit. in-8° de 96 pages. Challamel aîné

NOUVELLE CLASSIFICATION DES NUAGES. 1873, in-8° de 107 pages et 17 planches chromo-lithographiques. Dépôt des cartes et plan de la marine. N° 513.

AUTRES publications astronomiques et météorologiques, chez Gauthier-Villards.

Prochainement : BIBLIOGRAPHIE POSITIVISTE, comprenant 900 ouvrages et écrits qui ont paru jusqu'à ce jour sur la Philosophie Positive, dans toutes les langues et dans tous les pays.

Imprimerie Eugène HEUTTE et Cie, à Saint-Germain.

BIBLIOTHÈQUE POSITIVISTE

VULGARISATION DU POSITIVISME

LE POSITIVISME

PAR

ANDRÉ POËY

> L'Amour pour principe,
> L'Ordre pour base,
> Le Progrès pour but.
>
> A. COMTE.

PARIS
LIBRAIRIE GERMER-BAILLIÈRE
17, RUE DE L'ÉCOLE-DE-MÉDECINE, 17

1876

Tous droits réservés.

PRÉLIMINAIRES

> « L'Humanité enchaînée au présent, est dominée par l'avenir, sous le poids du passé. »
>
> A. Poëy.

Lorsqu'on se présente devant un public nouveau et dans une œuvre nouvelle, chacun veut savoir qui vous êtes et d'où vous sortez, tellement le poids du passé pèse sur le présent et l'avenir.

Nous vîmes le jour sur le sol de la libre Amérique, dans la patrie des Washington, des Bolivar, des San Martin, des O' Higgins, des Hidalgo, des Morelos et de tant d'autres libérateurs du joug despotique. Nous leur devons de cœur cette reconnaissance éternelle. D'esprit, le monde est notre patrie, nos ancêtres sont les membres du Grand Être, que nous désignons sous le nom d'HUMANITÉ.

Nous eûmes l'insigne bonheur de connaître personnellement notre grand maître Auguste Comte. Nous n'oublierons jamais avec quel entraînement juvénile, avec quelle profondeur sans égale, il eut l'extrême condescendance de nous expliquer — hélas! pour la dernière fois — sa loi des trois phases sociales, au sujet de laquelle nous avions conservé quelques doutes.

Depuis 1846 en Amérique, et depuis 1854 en Europe et en Amérique, nos études et nos publications furent circonscrites au domaine de la Science. Dès 1855, nous nous sommes livré à une étude assidue de la Philosophie positive. Pendant vingt ans, les œuvres d'Auguste Comte nous ont constamment accompagné dans nos voyages de l'Atlantique au Pacifique. Malheureusement des circonstances politico-religieuses, puis une position officielle à la tête d'un Observatoire, ne nous permirent point d'adhérer publiquement à la grande doctrine de la Philosophie positive. Nous ne pouvions nous présenter avec une entière indépendance d'esprit, comme nous le faisons aujourd'hui. Forcé de nous contraindre, d'étouffer notre élan, nous nous sommes borné à une propagande *jésuitique*..., nous nous sommes rejeté sur la science pure.

Dès le début, nous avons introduit dans nos publications météorologiques, d'une main tremblante, quelques principes émanés de la Philosophie positive. Qu'il nous soit permis de les énoncer dans l'intérêt de la cause que nous défendons. Nous avons tenté, en 1855, une « Systématisation subjective des phénomènes physico-chimiques du globe et de son enveloppe gazeuse, en rapport avec l'état physique, vital, moral et social de l'Humanité. » Tel est le titre de l'ouvrage dont trois extraits sur des questions spéciales, furent uniquement publiés[1]. Le sujet est tou-

---

[1]. *Revue et Magasin de zoologie*, de Guérin-Méneville, 1857, t. IX, p. 374, 422; lettre à J. Fournet, *Annales de la Société d'Agriculture de Lyon*, 1857, t. I, p. 394; Appel aux météoro-

jours nouveau, car rien n'a été conçu dans cette voie féconde. Après vingt ans de nouvelles études, nous avons constaté que certaines questions doivent être remaniées, tandis que des lacunes devront être comblées.

Nous avons soutenu le principe positif de restreindre nos recherches astronomiques et météorologiques dans les limites de notre système solaire. Cette nécessité se fit sentir dès le XVIe siècle, quand l'Astronomie s'émancipa définitivement de l'Astrologie, émanée de l'Astrolâtrie. L'Astrolâtrie servit de transition du Fétichisme au Polythéisme, et l'Astrologie devint la première source théorique de la réduction du Polythéisme au Monothéisme. Enfin la découverte du double mouvement terrestre transforma l'Astronomie absolue en Astronomie relative; elle fit prévaloir la notion relative de *Monde* sur la conception absolue d'*Univers*, le point de vue solaire, sur le point de vue cosmique; elle détruisit le théologisme et l'ontologisme et inaugura l'ère Positiviste. Cette impulsion sociologique de l'Astronomie, — pressentie par Fontenelle — fit prévaloir la *subjectivité relative*, et régénéra la philosophie naturelle, de manière à limiter objectivement les recherches astronomiques à notre système solaire, dans ses applications théoriques et pratiques. Ce côté industriel débuta par l'art nautique d'après une judicieuse application des lois abstraites établies par les géomètres grecs, depuis Thalès, Pythagore et Archimède jusqu'à Diophante; d'après les belles

---

logistes, etc., *Revue* de Guérin-Méneville, 1858, t. X, p. 90, 137, 184, 230, 283; Répartition géographique des météores, etc. *Nouvelles Annales des voyages*, de Malte-Brun, 1858, t. I, p. 150.

spéculations sur les sections coniques d'Aristée, d'Archytas et d'Euclide; d'après les abstractions mathématico-astronomiques d'Eudoxe, d'Apollonius, d'Aristarque, d'Eratosthène et d'Hipparque. Ce dernier fonda la trigonométrie, découvrit la loi de la précession équinoxiale, lia l'astronomie à la géométrie et institua la relation entre l'abstrait et le concret. Sa gloire fut éclipsée pendant quinze siècles par l'habile usurpateur Ptolémée, ajoute Comte. Telle est la destination concrète des sciences abstraites à engendrer des arts correspondants : la géométrie, la mécanique, la physique et la chimie industrielles, l'art médical, l'art agricole, l'art politique, l'art moral, l'art esthétique, l'art de l'éducation et le culte de l'Humanité. Lorsque le savoir humain sera abstraitement construit, les sciences concrètes se borneront à construire le domaine industriel et artistique; puis elles disparaîtront dans son sein; celles qui n'auront pu engendrer un art correspondant seront finalement dissoutes. Les ingénieurs serviront de transition et de régulateurs entre la théorie ou la généralité et la pratique ou la spécialité, d'après l'utilité des résultats.

A partir des découvertes de William Herschel sur la réduction des nébuleuses en étoiles, mais surtout depuis l'application sidérale de l'analyse spectrale, les astronomes physico-chimistes tendent à transformer l'Astrologie-alchimique et subjective du moyen âge — dite *judiciaire* — en Astrologie-chimique et objective des modernes. On interroge la composition physico-chimique des astres; on croit aboutir à une analyse expérimentale; on imagine reconstruire la chimie terrestre dans le creuset de la chimie céleste ; on rêve à une nouvelle mécanique, à une astronomie, à une cosmogonie, à une physique, à une chimie, — voire d'après la pluralité des mondes habitables, — à une biologie, à une sociologie cosmiques, peut-être *ultra-cosmiques ;* puis on triomphe de la ridicule prétention du nouveau Prométhée positiviste qui veut enchaîner l'espace et l'esprit humain, et river l'un et l'autre à la chaîne de l'Humanité !

L'analyse stellaire pourra nous révéler deux faits généraux : 1° qu'il n'y a aucun corps dans l'espace extra-solaire qui ne se trouve aussi dans l'espace intra-solaire ; aucun corps dans le soleil ou dans les planètes qui ne soit aussi sur notre terre, d'où découle l'unité de la matière, ainsi que sa perpétuité déjà sensible en chimie ; 2° la loi de l'évolution cosmique ou objective, que l'on rattachera à la loi de l'évolution humaine ou subjective. Ces limites abstraites seraient elles-mêmes dépassées qu'elles ne deviendraient d'aucune application rationnelle. Il faut donc savoir limiter nos forces sociales à notre système solaire et les condenser dans leurs applications les plus urgentes au bien-être de l'Humanité.

Lorsque l'analyse sidérale était encore inconnue, lorsque les relations entre les taches solaires et les phénomènes météorologiques[1] n'étaient point encore développées, nous avons suggéré en mai 1857 — dans l'introduction à notre catalogue des trem-

---

[1]. Voir nos trois notes sur les rapports entre les taches solaires, les ouragans et les tremblements de terre aux Antilles, les éruptions volcaniques du globe, les tempêtes de l'Atlantique, les orages à Fécamp, etc. — *Comptes rendus de l'Académie des Sciences,* 1873, t. LXXVII, p. 1222 et 1343 ; 1874, t. LXXVIII, p. 51, avec tableaux.

blements de terre aux Antilles — l'étude des rapports entre la physique terrestre et la physique céleste, quant aux influences surtout solaires et lunaires. Nous engagions les météorologistes à établir un parallèle logique et scientifique entre l'évolution, la corrélation et la conversion des phénomènes terrestres, ainsi qu'entre les caractères topographiques, géologiques et agricoles des différentes régions du globe, etc. A la suite de l'énoncé des relations que l'on avait cru trouver entre les principales manifestations terrestres et cosmiques, nous terminions ainsi : « On voit... combien les phénomènes astronomiques se trouvent être intimement liés en rapport de cause et d'effet avec les phénomènes terrestres, et, par conséquent, ni l'astronome, ni le météorologiste ne sauraient plus poursuivre indépendamment l'un de l'autre leurs recherches réciproques, sans s'exposer à faire fausse route [1]. »

Notre assertion a été pleinement confirmée. Aujourd'hui les astronomes-mathématiciens sont remplacés par les astronomes-physico-chimistes. On se préoccupe sérieusement de la photosphère solaire, de la constitution physico-chimique des astres, de météorologie cosmique. On crée des observatoires *solaires* en Prusse, en Autriche, en Angleterre, en Italie, en France, en Australie et à Calcutta. Nous avions, depuis 1855, projeté auprès de trois gouvernements en Amérique, et, dès 1862, établi aux Antilles un observatoire physico-météorologique [2].

[1]. *An. de la Société météorologique de France*, 1857, t. V, p. 75.
[2]. « A une époque, a dit M. Faye, où l'on ne prévoyait guère l'universel intérêt qui devait se porter vers ces études une dizaine d'années plus tard. » Poëy, *Appel aux nations Hispano-Américaines*. Paris, 20 septembre 1864.

Dans une autre série de travaux, nous avons recherché les lois mécaniques, physiques et chimiques qui régissent les phénomènes naturels. C'est ainsi que dans nos « Considérations synthétiques sur la nature, la constitution et la forme des nuages, » nous étudiâmes l'action de la pesanteur, de la chaleur et de l'électricité, en ramenant les propriétés dynamiques à la structure géométrique des corps, et en rapportant les forces perturbatrices aux forces normales ou directrices [1]. L'esprit de notre nouvelle classification des nuages [2] d'après l'observation directe, publiée par le dépôt des cartes et plans de la marine, repose abstraitement sur ces deux principes de philosophie positive.

Nous étant donné de reproduire artificiellement, sur une moindre échelle, les phénomènes que la nature engendre sur une vaste échelle, nous engagions les météorologistes à étendre les découvertes des sciences expérimentales à l'étude des phénomènes terrestres et atmosphériques, et à les réduire à de simples expériences de cabinet. Les physiciens John Tyndall et Paul Bert sont déjà entrés dans cette voie féconde. Nous affirmâmes que la systématisation de la Météorologie découlerait logiquement de la synthèse des sciences, qui la précèdent et la suivent, dans la hiérarchie encyclopédique. Nous avons rapporté « les Images de la foudre » aux images obtenues à l'aide de l'électricité artificielle [3], et autres

---

1. et 2. *Annuaire de la Société météorologique de France*, 1865, t. XIII, p. 85. Réimprimées et considérablement augmentées : *Annales hydrographiques*, 1872, t. XXXV, p. 615, avec dix-sept planches chromo-lithographiques, et tirage à part. Paris, 1873 in-8 de 107 pages, chez Challamel aîné.

3. *Annuaire du Cosmos* pour 1861, p. 407-502. Relation histo

phénomènes de la foudre aux propriétés électriques [1]. Nous avons rattaché la foudre globulaire [2] et les tremblements de terre [3] à l'état sphéroïdal de la matière. De l'étude de plus de mille effets différents de la foudre, nous sommes arrivé à une classification de ses phénomènes, d'après la loi positive de leur complication croissante ou de leur spécialité décroissante : actions mécanique, physique, biologique — pathologique et thérapeutique, — morale et sociale [4].

Nous fûmes chargé, en 1869, par le général Capron, directeur du département d'Agriculture de Washington, de rédiger deux Rapports « sur l'influence des agents climatologiques, atmosphériques et terrestres, au point de vue de l'Agriculture. » Nous débutâmes par la distinction entre les sciences abstraites et concrètes, la hiérarchie encyclopédique, la notion de vie et la théorie des milieux. Nous proposâmes une définition positive de l'Agriculture; de la Météorologie et des Climats [5]. » C'est la pre-

---

rique et théorie des images photo-électriques de la foudre, observées depuis l'an 360 de notre ère jusqu'en 1860, Paris, 1861, deuxième édition, revue et augmentée, in-12 de 110 pages, chez Mallet-Bachelier.

1. *Annuaire du Cosmos* pour 1862, p. 559-582.
2. *Comptes rendus de l'Académie des sciences*, 1855, t. XL, p. 1183. Avec plus d'étendue dans les *Études sur les corps à l'état sphéroïdal*, de Boutigny (d'Évreux). Paris, 1857, p. 319.
3. *Nouvelles Annales des voyages*, de Malte-Brun, 1855, t. IV, p. 286.
4. *Annuaire de la Société météorologique de France*, 1856, t. IV, p. 102.
5. Le premier rapport embrasse : la corrélation des forces physico-vitales, l'action du système solaire, de la gravitation, de la pression atmosphérique, de la chaleur, de la radiation solaire, du refroidissement nocturne, de l'échauffement diurne, de la rosée, du brouillard, de la lumière, du spectre-solaire et de l'é-

mière et unique fois que la doctrine positive de Comte a pris rang dans un document officiel. Lorsque le général Capron, doué d'un esprit pratique, se proposait de nous établir un champ de recherches physico-météorologiques et expérimentales, d'après le plan que nous lui avions soumis, le gouvernement du Japon l'appela pour fonder une institution analogue à celle de Washington.

Enfin, depuis 1855, toutes nos recherches — en dehors de la série de nos observations vérifiées à la Havane et au Mexique [1] — ont constamment tendu vers l'étude synthétique de la météorologie. Nous voulions y appliquer les lois abstraites des sciences positives, d'où la Météorologie émane ; car cette science constitue une branche concrète, mais capitale, de la *Théorie des Milieux*, où le Grand Être se développe. Cette théorie fut vaguement pressentie au point de vue botanique par Théophraste, et au point de vue médical par Hippocrate ; elle fut reprise sous le rapport biologique par Lamarck, Blainville et Comte, et sous le rapport sociologique par Montesquieu et Comte. Nous exposerons la doctrine dans les Monographies 8ᵉ, 13ᵉ et 34ᵉ.

---

lectricité. Le second rapport plus pratique contient : réforme météoro-agricole, phénomènes périodiques, gelées, influence des murs colorés sur les espaliers, propriétés physiques des terres arables. Nous avons consulté plus de quinze cents travaux. Les sources y sont fidèlement indiquées. Nous ferons paraître une Bibliographie de physique et de météorologie végétales et agricoles. — *Raport of the Commissioner of Agriculture*, pour les années de 1869 et de 1870. Washington, 1870, p. 97-157 et 1871, p. 113-149.

1. Nous fîmes à Mexico cent mille observations météorologiques pendant les neuf mois de 1866 que nous fûmes attaché à la Commission scientifique française.

Cessons donc d'entasser à l'infini des observations dispersées sans méthode et sans but systématique. Dans cette voie exclusivement analytique, il n'y a presque rien à faire lorsque les sciences réclament impérieusement une systématisation partielle qui puisse s'incorporer à la synthèse encyclopédique et universelle. C'est pour cela que, depuis vingt ans, les quatre congrès météorologiques de Bruxelles, de Leipzig, de Vienne et de Londres n'ont pu produire les fruits qu'ils étaient appelés à produire. Il en est de même de tous les autres Congrès : ils n'aboutissent qu'à une certaine *fraternité internationale*. Mais on ne peut fatalement rien arrêter de transcendant. On ne le pourra que sous l'avénement prochain du nouveau régime encyclopédique, d'après la nouvelle morale qui, suivant le principe d'Aristote, consiste à subordonner nos constructions subjectives à leurs matériaux objectifs. Comme dit Comte, d'après Kant, nos opinions sont à la fois subjectives et objectives, notre esprit y étant à la fois actif et passif. L'harmonie des deux méthodes, subjective et objective, constitue alors la vraie logique humaine.

Nous croyons pour le moment que la Météorologie doit se rapporter aux trois grandes séries des connaissances humaines, qui embrassent les milieux cosmique, vital et social, soit, la matière, la vie et la mentalité, à savoir : la *Météorologie industrielle*, y compris l'art nautique qui émane des deux couples Mathématico-astronomique et Physico-chimique, correspondants aux lois scientifiques et objectives ; la *Météorologie biologique*, y compris l'art médical et l'art agricole, qui émane de la Biologie, correspondant aux lois logiques et subjectives ; la *Météorologie sociologique* y compris l'art sacré du culte de l'Humanité, qui émane de la Sociologie et de la Morale, correspondant à la logique religieuse, à la fois objective et subjective, c'est-à-dire intellectuelle — guidée d'après les signes — et affective — fondée sur la connexité des émotions. « La méthode subjective appuyée sur le sentiment du Grand Être, devient aussi relative, comme dit Comte, que la méthode objective, coordonnée d'après la conception de l'ordre cosmique, » ou du Milieu. La Météorologie embrasse les six branches suivantes de la Physique : la *Barologie*, la *Thermologie*, l'*Opticologie*[1], l'*Acoustologie*, l'*Électrologie* et la *Magnétologie*[2]. Chacune de ces branches est disposée dans l'ordre de la complication croissante de leurs phénomènes et suivant la spécialité également croissante des sens auxquels elle s'adresse, d'après l'avénement graduel des sensations dans la hiérarchie zoologique.

Les lois naturelles qui dominent le monde sont de deux sortes ; les unes simples, générales ou *abstraites*, les autres composées, spéciales ou *concrètes*, suivant que l'on étudie l'existence commune des

---

[1]. En 1833, Comte considérait le magnétisme comme une propriété de l'électricité, opinion qui fut maintenue en 1851. Les découvertes magnétiques se sont tellement accrues, qu'il y aurait lieu de séparer ces deux propriétés, qui sont par leur généralité, comme toutes celles de la physique, également applicables à un même corps et dans les mêmes circonstances. Il existe en outre des phénomènes magnéto-physiologiques qui semblent justifier cette séparation.

[2]. Nous demandons la permission d'introduire les termes d'*opticologie* et d'*acoustologie*, au même titre que Fourier a introduit celui de *thermologie* et Comte celui d'*électrologie*. Quant à l'expression de *barologie*, elle remonte à plus de quatre-vingts ans, et celle de *magnétologie* est déjà adoptée

êtres ou leurs phénomènes particuliers : ceux-ci n'étant qu'un cas particulier des premiers. Dès lors, la nécessité dans les sciences concrètes, comme la Météorologie, de combiner les lois abstraites des cinq sciences d'où elle émane — mathématique, astronomie, physique, chimie et biologie — sous la présidence de la sociologie et de la morale qui la domine. La difficulté de cette combinaison surpasse à un si haut degré la puissance de nos moyens inductifs et déductifs, que l'on désespère jamais d'arriver à une synthèse concrète déduite de la synthèse abstraite ; pas plus qu'à la connaissance des lois concrètes, sauf les cas pratiques, tellement les phénomènes concrets, régis par des lois spéciales, sont nombreux et compliqués. Au point de vue historique, la science abstraite, — œuvre de l'élaboration grecque, — et la science concrète, — fruit de l'élaboration moderne, — furent spontanément séparées de nos jours ; mais cette distinction n'est pas encore systématique. Il faut donc débuter en Météorologie, comme dans toutes les sciences, par les lois abstraites, si l'on aspire à la connaissance des lois concrètes. Il faut savoir, avant d'accumuler des recueils d'observations isolées, ce que l'on doit observer d'après un artifice théorique ou une hypothèse provisoire et vérifiable. La complication même des lois abstraites a exigé des artifices logiques extrêmement ingénieux, afin de distinguer les faits généraux des faits particuliers, et dont queques-uns sont encore pris pour des réalités objectives. Tels sont les artifices logiques de l'*espace* en géométrie ; de l'*analyse infinitésimale* en algèbre transcendante, par la réduction idéale des figures curvilignes à des éléments rectilignes et différentiels infiniment petits ; de l'*inertie* en mécanique ; du *liquide mathématique* en hydrostatique ; de l'*éther* en astronomie ; de l'*atomisme-moléculaire* en physique ; du *dualisme* en chimie, etc. D'autres généralités ont graduellement surgi à l'avénement des sciences supérieures, ce sont : la *souveraineté populaire* en politique ; le *droit* en morale ; la *Nature* en philosophie, et *Dieu* en théologie. Ces dernières abstractions se trouvent encore à l'état de pures entités et attendent une transmutation scientifique, ou du moins logique que la Philosophie positive à déjà signalée.

Après un début scientifique, nous dira-t-on, comment êtes-vous finalement tombé dans le *mysticisme positif?* Voici comment : Nous avions été, jusqu'en 1871, disciple d'Auguste Comte, jusqu'aux limites assignées par M. Littré, c'est-à dire jusqu'aux six volumes de sa philosophie positive, sa première œuvre. Nous étions de l'école de Littré, comme le sont les savants[1] qui ont embrassé la doctrine positiviste ; comme le sont à l'étranger — sauf surtout le petit noyau de Laffittistes à Londres, — ceux qui n'obéissent pas à l'école, dite religieuse et démagogue par les adversaires de M. Pierre Laffitte, désigné par Comte pour être le directeur du Positivisme. Profondément influencé par l'autorité de M. Littré, qui s'imposait à nous, nous avions cru, nous aussi, à la folie d'Auguste Comte et à « une concentration mystique. » Nous croyions avec

1. C'est à l'école de Littré que font allusion Vacherot et Stuart Mill dans les passages ci-dessus, p. 4-8.

M. Littré que dans les quatre volumes de la *Politique positive*, il y avait beaucoup à recueillir au point de vue de la méthode objective, beaucoup à rejeter sous le rapport de la méthode subjective. Dans la commémoration du *Calendrier positiviste*, nous ne voyions qu'une « reconnaissance universelle »; dans le *Catéchisme*, dans la *synthèse subjective*, et dans tout ce que Comte produisit depuis 1845, qu'une « subjectivité-mystique » au milieu de vues et de pensées positives[1].

Mais, petit à petit, notre foi s'ébranla! Un jour vint où nous voulûmes en avoir le cœur net. Nous publiâmes à New-York, en 1870, une notice intitulée : « Les trois crises mentales d'Auguste Comte[2]. » Nous établissions qu'Auguste Comte avait eu *trois accès de folie* dans les années 1826, 1838 et 1845 : c'est Comte qui l'avoue[3]. Il analysa l'influence subjective qu'elles eurent sur son esprit et sur son œuvre. Dans sa crise de 1826, il descendit jusqu'au fétichisme, s'arrêta au monothéisme et au polythéisme et revint au positivisme par les mêmes phases. Ayant personnellement vérifié sa loi des trois états, il conçut la possibilité sociale de franchir les phases intermédiaires entre la spontanéité fétichique et la finalité positiviste.

Cependant, ce fut une folie comme celle de saint

---

1. Littré : *Auguste Comte et la Philosophie positive*, Paris, 1863, p. 580-591.

2. *The Modern Thinker*, New-York, 1870, 3ᵉ édition, p. 163-168. Voir aussi notre notice sur « le Bien et le Mal, son origine, » au point de vue de la philosophie positive, p. 152-162.

3. *Philosophie positive*, t. VI, p. x-xi; *Politique positive*, t III, p. 75-76; lettre à Clotilde de Vaux : Robinet, *Vie d'Auguste Comte*, p. 206-207; 211-213.

Paul sur le chemin de Damas. Ce fut une folie, observe Lewes, comme celle « de Lucrèce, de Mahomet, de Loyola, de Pierre le Grand, de Haller, de Newton, de Tasse, de Swift, de Cowper, de Donizetti. » Ce fut la folie, ajoutons-nous, du grand homme, retentissant au milieu d'éclairs éblouissants de génie, inondant de lumière les nuits chaotiques du passé et de l'avenir : folie qui respecte l'œuvre !

De 1871 à 1873, nous assistâmes régulièrement au cours de M. Laffitte. Dès la première année, un nouvel horizon s'ouvrit à nos yeux. Nous étudiâmes de nouveau et très-soigneusement la *Politique*, le *Catéchisme*, la *Synthèse*, tout ce que nous avions rejeté jusque-là. Bientôt, nous eûmes la ferme conviction que nous n'avions jamais conçu le véritable esprit de la *doctrine positive*, qui se résume ainsi : la Science positive conduit à la Philosophie positive, et celle-ci conduit à la Religion positive. Prétendre s'arrêter à la science ou à la philosophie, s'arrêter à la sociologie ou à la morale sans pénétrer dans le sanctuaire de la Religion de l'Humanité, c'est se condamner à être... ce que M. Littré reprochait en 1849 aux Académies libres de l'Institut, à celle des sciences pures « un corps sans tête, » à celle des sciences politiques « une tête sans corps. » « Aussi là, dans leur isolement métaphysique, poursuit M. Littré, elles s'agitent stérilement[1]. » Vous et les vôtres qui reniez le culte de l'Humanité, oui, vous aussi, vous *agitez* stérilement. C'est le cas de vous appli-

---

[1]. *Conservation, Révolution et Positivisme*, Paris, 1852, page 135.

quer notre maxime : « L'homme s'agite et l'Humanité le mène. »

Voilà comment nous sommes tombé, non pas dans le mysticisme positif, mais dans la *rationalité positive*, dans le régime final de la généralité rationnelle.

Les éléments fondamentaux des connaissances humaines ont déjà acquis le degré d'exactitude compatible avec une *systématisation* définitive. Notre capital intellectuel est assez riche, il s'agit de le faire valoir, de le placer au service de l'Humanité, d'où il émane. Ce qui s'y oppose, c'est cet esprit analytique, provisoire, empirique, dispersif et antisocial qui dégénère en une perturbation éminente. L'analyse eut sa raison d'être, comme toutes les forces sociales transformables en d'autres forces sociales. L'analyse prit naissance afin de faciliter la recherche des phénomènes dont le nombre et la complication augmentaient dans l'avénement graduel de l'évolution des sciences, et quand les efforts systématiques étaient tournés vers la démolition du régime qui s'éteignait. Ce préambule analytique devait nous fournir la base objective de la synthèse finale. Cette nécessité analytique se fit sentir lorsque la science antique s'émancipa de la philosophie grecque, à l'époque du Musée d'Alexandrie ; elle se fit de nouveau sentir, lorsque la science moderne, grâce à Galilée et à Képler, s'émancipa de la philosophie scolastique du XVI° au XVIII° siècle, bien que la spécialité eût déjà surgi spontanément du XIV° au XV° siècle. La révolution philosophique fut inaugurée par Bacon et Descartes et complétée par Leibnitz et Kant. Mais aujourd'hui que la Biologie, la Sociologie et la Morale nous ont révélé les lois vitales, sociales et mentales de l'Humanité, l'esprit synthétique — qui saisit les ressemblances, coordonne et construit — doit remplacer l'esprit analytique — qui saisit les différences, divise et élabore les matériaux.

Il faut, comme dit Comte, constituer l'*unité humaine*, d'après ses trois éléments, pratique, théorique et mental, en subordonnant le progrès à l'ordre, l'analyse à la synthèse, et l'égoïsme à l'altruisme. En d'autres termes, il faut régulariser l'indépendance et le concours — que le moyen âge fit surgir — en correspondance aux trois forces sociales attachées à l'activité, à l'intelligence et à l'affection cérébrales. Il faut en un mot rapporter ces forces dispersées à un moteur unique et universel. Le *Dieu* des théologastres — entité subjective, — et la *Nature* des métaphysicuistres — entité objective, — sont deux principes absolus, incapables de rien lier. Il ne nous reste plus que l'HUMANITÉ, la vraie réalité qui lie l'homme à l'homme et relie l'homme au Monde. Toute science — abstraite ou concrète, — qui ne s'achemine point vers le domaine humain et social, est une science avortée, une science condamnée à un isolement stérile, à une atrophie irrécusable. Cette assertion découle du seul principe de Comte, que « la généralité objective décroissante coïncide avec une généralité subjective croissante, dans la hiérarchie encyclopédique. » En transformant notre cerveau, comme dit Comte, en un miroir fidèle du monde qui nous domine, l'ordre objectif ou cosmique devient la base de l'ordre subjectif ou humain.

Nous devons ajouter la Monographie suivante : « L'industrie positive ou l'action de l'Humanité sur sa planète » au nombre des monographies déjà signalées à la p. 38. L'Humanité débuta au spirituel par la théologie et au temporel par la guerre ; mais elle finira par la science et par l'industrie. Les métaphysiciens et les légistes servirent de transition entre ces deux pouvoirs. La production pacifique tend déjà à remplacer la conquête guerrière. Lorsque cette révolution sera accomplie, le pouvoir temporel se mettra au service des forces industrielles. La paix universelle deviendra une réalité, mais non selon le vœu théologico-métaphysique de Pierre Nicole et de l'abbé de Saint-Pierre. Il faudra ensuite subordonner ce nouveau moteur de l'Humanité, cette puissance directrice de la Providence matérielle, à la régénération morale : considérant le travail personnel comme une fonction sociale et les chefs temporels comme les organes nutritifs du Grand-Être. « Tout office public dignement rempli, dit Comte, constitue une propriété aussi sacrée qu'une terre ou qu'une maison. » La base morale de l'ordre social est dans ce dualisme de la Philosophie positive : « dévouement des forts aux faibles, vénération des faibles pour les forts. »

Jusque-là nous assisterons d'un œil tranquille et plein de foi dans l'avenir, au râle hideux du régime théologico-militaire. Pour le positivisme, l'Industrie comprend l'exploitation générale de la planète humaine, entre les mains des banquiers, des commerçants, des manufacturiers et des agriculteurs. Les machines jouent dans l'industrie le rôle des méthodes dans les sciences. Au point de vue de son évolution, l'industrie moderne, préparée par la domination romaine, prit naissance au moyen âge quand la vie pacifique remplaça la vie guerrière, et le servage l'esclavage, suivi de l'abolition du servage, de l'affranchissement des communes, de l'incorporation sociale du prolétariat, de l'alliance entre le concours et l'indépendance du travail, de la séparation des travailleurs et des entrepreneurs, etc. L'activité industrielle suscita l'antagonisme entre le Monde et Dieu, fit prévaloir les lois immuables sur les volontés arbitraires, le bonheur terrestre sur le salut céleste, épura la charité chrétienne, provoqua l'établissement des armées soldées, prépara l'émancipation occidentale, surtout temporelle, fit sentir l'importance de la prévision rationnelle, poussa à fonder la philosophie sur la science, etc.

Telle est la portée des questions que nous développerons à l'égard de l'action de l'Homme sur la Nature, d'après la grande élaboration d'Auguste Comte. Pendant trente-sept ans — depuis 1820 — il n'a cessé de faire prévaloir la tendance croissante des forces industrielles à constituer l'ordre et le progrès extérieurs correspondants au pouvoir temporel. Il annonça en 1854, pour paraître en 1861, son *Système d'Industrie positive*, traité signalé en 1842 et projeté dès l'origine de sa carrière et dans lequel l'art cosmique serait subordonné à l'art humain. Malheureusement la mort vint le surprendre avant d'y avoir mis la main. Il faudra donc se contenter de l'élaboration disséminée dans ses œuvres, qui n'embrasse pas moins de 400 pages in-8°, d'une impression compacte. Cette élaboration a passé inaperçue, même parmi ses plus intimes disciples.

L'industrie y est abstraitement envisagée, au point de vue historique et dogmatique depuis la période lointaine du Fétichisme jusqu'à notre siècle.

Avant de terminer, nous avons à cœur de relever une erreur profonde qui subsiste chez les Positivistes (?)..... littréistes, et surtout chez nos adversaires. L'élaboration scientifique de la Philosophie positive n'est que l'élément spirituel de la régénération humaine. Tout le Positivisme est, comme base, dans la loi de l'évolution, et, comme résultat, dans la Religion de l'Humanité. Le Positivisme systématique émane de la grande doctrine de l'*évolution de l'Humanité*, envisagée sous ses moindres phases. Le labyrinthe obscur de l'histoire, et de toute chose, s'illumine comme par enchantement, lorsqu'on y pénètre avec la lumière de la loi de l'évolution. On y voit l'homme s'élever des facultés les plus grossières aux plus nobles attributs. C'est une suite de métamorphoses aboutissant péniblement au régime final et réel. Lorsque la trame humaine s'est constituée, lorsqu'elle a été suffisamment fertilisée, alors, et seulement alors, apparaît au lointain le Grand-Être humain qui domine l'Humanité, et d'où il émerge.

A ceux qui rêvent encore la domination théologique ou métaphysique, nous disons : Étudiez la vraie évolution de la Philosophie. La voici en deux mots : peu avant la fondation du Musée d'Alexandrie, la Philosophie grecque se divisa en philosophie *naturelle* d'Aristote, et en philosophie *morale* de Platon, puis la première devint métaphysique et la seconde théologique. L'ascendant métaphysique du moyen âge s'efforça de les fusionner sous le nom de philosophie *scolastique*, afin de concilier la raison et la foi ; mais elle dégénéra en *théologie naturelle*. Un dualisme aussi contradictoire entre l'ancienne notion de Dieu et la nouvelle entité de la Nature, termina par la prépondérance subjective de la raison sur la foi, la métaphysique sur la théologie, la Nature sur Dieu. Une dernière dégénération purement objective plongea la philosophie dans l'athéisme et le matérialisme le plus dégradant. Pendant cela, l'esprit positif tendait constamment à renouveler l'entendement humain. Mais la nouvelle synthèse devait rester négative et anarchique avant d'être positive et organique. Enfin, le Positivisme devenu systématique substitua le dogme réel au dogme surnaturel, la foi démontrée à la foi révélée, le relatif à l'absolu, l'Humanité à Dieu. Il fit rentrer dans le néant la théologie et la métaphysique, le négativisme, le criticisme et le révolutionalisme. Quand, comment et pourquoi ceci s'est opéré par voie d'évolution lente dans l'espace de trente siècles, tout cela se trouve parfaitement développé dans la théorie positive de l'évolution de l'Humanité formulée par Auguste Comte. On assiste à l'organisation ou à la désorganisation des organismes sociaux par la seule concurrence ou par le seul conflit de leurs appareils, sous l'impulsion d'une force morale prédominante. Quelle est cette force inhérente à l'Humanité, aussi universelle que la force de la gravitation inhérente à la matière? Est-ce le *bon sens?* Cette sagesse vulgaire, cet instinct social qui pousse universellement l'Humanité vers l'harmonie de son unité subjective et non pas objective. Les trois évolutions sociales — de l'activité, de la spéculation et de l'affection —

correspondraient-elles aux trois lois cosmiques de Képler, aux trois lois de la végétalité et aux trois lois de l'animalité ? Existe-t-il une loi universelle qui domine moralement la création organique, le pendant de la loi universelle qui préside physiquement à la création inorganique ? Comte ayant été le Képler du monde moral, devons-nous nous attendre à l'avénement d'un nouveau Newton, qui nous révélera cette loi universelle, cette loi que l'on nomme vulgairement le *Progrès* ou la *Civilisation* ? La postérité seule sera le juge suprême, car Comte n'a point abordé cette question de philosophie transcendante. Il reste encore à river, à l'aide d'une loi unique, les deux anneaux extrêmes de la chaîne cosmique aux anneaux de la chaîne humaine. Comte a déjà signalé le point de contact de l'Encyclopédie abstraite à l'Encyclopédie concrète en passant de la morale théorique à la morale pratique.

Un positiviste nous a demandé de changer le titre de notre publication, parce que Comte l'avait destiné à un autre genre d'écrits. Sa prière arrivait trop tard ; ce titre remplissait exactement notre idée, et Comte s'était emparé des principaux titres. La série de lectures proposées par Comte pourra s'appeler Bibliothèque *positive*. Il est au contraire à désirer que notre Bibliothèque ne soit pas la dernière destinée à vulgariser le positivisme. C'est le seul moyen d'inculquer des notions aussi étrangères aux dispositions présentes des esprits, empoisonnés par les préjugés théologico-métaphysiques, par le jésuitisme clérical et laïque, par la dispersion analytique des savants, par les utopies révolutionnaires, l'anarchie des droits sociaux et de la souveraineté populaire. Le Positivisme est trop vicieusement apprécié. Nous ne sommes plus aux temps d'Homère et des rapsodes qui chantaient de ville en ville la grandeur de la Grèce, ni aux temps des Apôtres qui prêchaient le christianisme en plein vent. L'imprimerie, la vapeur et le télégraphe se chargent aujourd'hui de porter rapidement aux quatre coins du monde les moindres gestes de l'Humanité. C'est sur la parole écrite, éternelle et responsable, qu'il faut compter, pour transmettre à la postérité les nouveaux matériaux de la discipline humaine. La parole verbale est passionnée et partiale au sein d'une *camarilla* trop souvent disposée à l'injustice et à l'intolérance. L'homme, au moral, est infiniment inférieur à ses propres écrits et à ses propres paroles : au nom du passé, il adresse à l'avenir des sublimités qu'il ne professe, hélas! que bien rarement. Résultat funeste du divorce de la théorie et de la pratique, que le Positivisme s'efforce de réconcilier.

Ce premier volume doit être considéré comme le programme ou l'avant-goût de l'Évolution de l'Humanité. Nous nous sommes proposé de saisir et de condenser les points culminants, dont nous ferons ressortir la filiation intime. De là un laconisme tranchant, qui ressort, surtout, dans le chapitre V de la deuxième partie, et que nous tâcherons de faire disparaître dans les développements ultérieurs, en nous efforçant de les rendre de plus en plus instructifs, de plus en plus populaires.

A. POËY.

Paris, octobre 1875.

PREMIÈRE PARTIE

CHAPITRE PREMIER

LA PHILOSOPHIE POSITIVE.

> « Tout annonce je ne sais quelle grande synthèse vers laquelle nous marchons. »
> J. DE MAISTRE.

Une nouvelle philosophie s'élabore, se développe rapidement au sein de la libre pensée. Cette philosophie est la *Philosophie positive*. Sous son ascendant irrésistible, partout, en Europe et en Amérique, l'esprit inquiet s'élance vers un avenir inconnu. Les trônes s'écroulent avec fracas, les dynasties s'épuisent en de vains efforts, les républiques s'agitent profondément ; les sectes religieuses se divisent, se subdivisent à l'infini, la discorde les ronge jusqu'au cœur, la divinité suprême est controversée, l'ancienne foi s'en va, et, sur ses débris, naît une foi nouvelle ; le Dieu personnel est déjà mis en doute, il devient l'*incognoscible* (l'unknowable) des penseurs anglais, théologiens et métaphysiciens, depuis le doyen H. L. Mansel jusqu'à sir William Hamilton.

La philosophie positive, définitivement systématisée, grâce au profond génie d'Auguste Comte, vient aujourd'hui mettre fin à cette crise lamentable qui débute au XIVe siècle à la suite de la chute de la civilisation catholico-féodale du moyen âge. Elle vient remplacer les anciennes croyances théologiques et métaphysiques qui ont déjà fait leur temps, par la fondation de nos connaissances scientifiques et sociales sur les bases solides des *lois* physiques et morales qui régissent la nature humaine.

Née en France, pour ainsi dire en 1826, la Philosophie positive s'est rapidement acclimatée en Angleterre et en Amérique. Après avoir tué l'esprit théologique, elle ravage profondément l'esprit métaphysique de l'Allemagne, et partout elle ébranle l'ancienne école. Elle a plongé, en France, la philosophie du passé et l'éclectisme de transition dans une torpeur négative. En Angleterre, elle fait expirer la métaphysique entre les mains des Stuart Mill et des Herbert Spencer ; en Allemagne, entre celles de Hegel et de ses successeurs, des Schopenhauer, des Czolbe, des Carus, des Oken, des Wagner, des Lowenthal, des Krause, des Feuerbach, des Scheffer, des Büchner, des Moleschott, des Hartmann et autres, comme ceux-ci, plus ou moins *spirito-matérialistes*.

D'un autre côté, les États-Unis d'Amérique ont eu l'honneur d'inaugurer, en 1869, les premières *lectures* officielles de philosophie positive, sous l'impulsion libérale du collége de Havard, à Cambridge, et sous la savante direction du professeur John Fiske.

En présence de ces faits, l'esprit moderne, irrévocablement lancé dans cette nouvelle voie, ne peut plus demeurer étranger au progrès de la philosophie positive, et chacun doit être hautement intéressé à connaître les bases fondamentales de cette nouvelle méthode.

Cédons maintenant la parole à nos adversaires. En 1863, M. Étienne Vacherot, ancien directeur des études à l'École normale, aujourd'hui membre de l'Institut, écrivait : « En fait d'écoles contemporaines, je n'en connais que trois qui aient conservé ou qui aient acquis, en France surtout, un public assez nombreux d'adhérents : l'école théologique, l'école éclectique et l'école positive. »

Dans son jugement sur l'école positive, M. Vacherot nous rend justice : « C'est à cette école qu'on doit tout ce qui a été fait de plus important sur la philosophie des sciences... Esprits d'ailleurs pleins de sens, de réserve et de tolérance, les adeptes de l'école positive entrent dans une sainte fureur au seul nom de métaphysique... C'est une école nombreuse et redoutable, depuis le discrédit des écoles métaphysiques. Elle répond à la disposition générale des esprits. Elle a le précieux avantage de savoir ses sciences, mathématiques, physiques et naturelles, que la plupart de nos métaphysiciens ignorent. Elle a des savants les connaissances positives, et des philosophes l'esprit de généralisation et de synthèse. De plus, sauf la métaphysique, il n'est pas une science à laquelle elle n'ouvre la porte, pourvu qu'on se présente avec le sceau de l'expérience ou de l'érudition... Elle montre autant de goût pour la philosophie morale que pour la philosophie naturelle; elle croit à l'autorité de l'observation et de l'analyse en tout et partout, qu'on les applique aux faits physiques, aux faits historiques ou aux faits psychologiques. C'est, en un mot, la science tout entière qu'elle embrasse, analyse et synthèse, sauf la métaphysique. Aussi fait-elle de rapides conquêtes dans le monde savant. Tout ce qui s'y rencontre d'esprits élevés et généralisateurs se rattache à la philosophie positive. Même dans le monde littéraire, nombre de jeunes esprits, pleins de sève et d'avenir, se détachent des traditions de la vieille philosophie et abjurent la métaphysique dont ils ont sucé le lait. MM. Renan et Taine ne paraissent pas trop répugner aux conclusions de l'école positive. »

M. Vacherot doit être, à juste titre, considéré comme un des élèves de cette nouvelle école de métaphysiciens éperdus, ainsi que l'indique *seul* le titre de son ouvrage, en dehors des considérations du contenu, d'où nous avons tiré cette appréciation. *La Métaphysique et la Science, ou principes de Métaphysique* POSITIVE. Paris, 1863, 2ᵉ édition, t. III, pp. 163, 165, 166, 167.

Écoutons maintenant M. John Stuart Mill. Ce savant économiste métaphysicien écrivait dans ses Mémoires ce qui suit : « Après que j'eus achevé le livre sur Hamilton, je m'occupai d'une tâche qui, pour beaucoup de raisons, semblait m'incomber d'une façon toute spéciale, c'était celle de résumer et d'apprécier les doctrines d'Auguste Comte. J'avais contribué plus que personne à faire connaître ses doctrines en Angleterre; aussi eut-il, grâce à ce que j'avais dit de lui dans ma *Logique*, des lecteurs et des admirateurs parmi les penseurs de ce pays à une époque où son nom n'était pas encore en France sorti de l'obscurité. Il était si inconnu et si peu apprécié à l'époque où j'écrivis ma Logique (de 1837 à 1841), qu'il était inutile de critiquer les points faibles de ses doctrines ; au contraire c'était un devoir de faire connaître autant que possible les importants services qu'il rendait à la philosophie. Cependant, au moment où nous étions arrivés, il n'en était plus de même. Le nom de Comte était enfin universellement connu, l'on savait presque partout en quoi consistent ses doctrines. Pour ses amis comme pour ses adversaires, Comte avait pris sa place. Il était devenu l'une des plus grandes figures de la philosophie contemporaine. La partie la plus saine de ses spéculations philosophiques a fait de grandes conquêtes parmi les esprits que leur culture et leurs tendances rendaient propres à les recevoir. Sous le couvert de ces doctrines, d'autres moins bonnes, auxquelles il a donné du développement et fait des additions considérables dans ses derniers écrits, ont aussi fait du chemin ; elles ont des adhérents actifs et enthousiastes parmi les personnes d'un mérite éminent, soit en Angleterre, soit en France, soit dans d'autres pays. » *Mes Mémoires, Histoire de ma vie et de mes idées*, par John Stuart Mill. Traduit de l'anglais par M. E. Cazelles. Paris, 1874, p. 264-265.

Tel est le jugement loyal sur Auguste Comte et la Philosophie positive qu'ont formulé deux éminents maîtres de l'école métaphysique. M. Vacherot fait table rase de l'école théologique, de l'école éclectique, ainsi que de toutes les écoles métaphysiques ; mais il croit fermement à la régénération de la métaphysique par la voie du *Positivisme*.

M. Stuart Mill admet les grandes conquêtes de la Philosophie positive, mais il répudie les idées qu'il appelle *moins bonnes*.

La critique de nos adversaires justifie pleinement l'immense portée de notre *Bibliothèque positiviste;* car ce n'est qu'en vulgarisant le positivisme que nous arriverons à l'élever à la hauteur des intelligences d'élite et à le faire pénétrer dans le cœur des masses moins éclairées. En un mot, le positivisme n'est malheureusement pas mieux conçu par les uns que par les autres.

Les trente-quatre monographies dont se compose la première partie de la Bibliothèque positiviste embrasseront l'ensemble de la Philosophie positive et feront suffisamment connaître l'esprit et les lois de cette œuvre éminente du plus profond des penseurs, du génie que Stuart Mill compare à un Descartes et à un Leibnitz, et G.-H. Lewes à un Bacon et à un Aristote.

Aujourd'hui, ce que l'on demande à grands cris, c'est un nouveau pouvoir spirituel, c'est un nouveau pouvoir temporel, c'est une nouvelle méthode scientifique. Jusque-là, on continuera à ne point croire, à ne point gouverner, à ne point découvrir. L'anarchie éclate dans le sein des couches militantes, elle envahit lentement les couches inférieures, où l'explosion bouleverse la société de fond en comble. Ainsi le mal vient d'en haut et non pas d'en bas. C'est donc aux hautes couches sociales que doit s'appliquer le remède. « L'ordre, dit le Dr Sémérie, n'est troublé dans la rue que parce qu'il l'est dans les cerveaux. »

En vulgarisant la Philosophie positive d'Auguste Comte, nous nous efforcerons de l'étendre, à l'aide d'applications puisées dans les événements du jour, ainsi que dans les découvertes réalisées depuis que ce penseur s'était interdit toute lecture, comme mesure d'*hygiène cérébrale.* Nous y ferons figurer les recherches postérieures à sa mort, de même que d'autres qui remontent à la plus haute antiquité, chaque fois qu'ils porteront l'empreinte du positivisme. Dans le cours de sa systématisation et particulièrement dans sa théorie historique du progrès humain, Comte n'a pu fournir que les preuves à l'appui de ses découvertes, laissant à ses successeurs la tâche de rechercher les sources, de compléter et de vérifier ses énoncés. C'est la seule méthode qu'il pouvait adopter dans un travail d'une aussi longue haleine. Nous ferons ressortir l'exactitude des points culminants, en introduisant l'énumération des auteurs, des passages et des éditions correspondantes. Ces commentaires viendront à la suite de l'œuvre de Comte, que nous exposerons fidèlement.

Comte a proposé une Bibliothèque positiviste offrant un système de lectures en harmonie avec la transition organique et embrassant l'ensemble de nos connaissances réelles, d'après lesquelles il a institué sa Philosophie positive. Cette Bibliothèque sera également complétée par un appendice sur les indications bibliographiques des meilleures éditions, et sur de nouveaux ouvrages d'un caractère positif.

Nous nous efforcerons de rallier à notre Bibliothèque les savants, les lettrés et le prolétariat. Les premiers y trouveront, sans doute, une abondance de documents qui rehausseront la validité des conceptions positives, tandis que les autres seront à même d'apprécier la doctrine positiviste, dégagée de ses profondeurs et surtout des équivoques dont nos adversaires font profession de l'envelopper. Nous tenons en outre à prouver que nous ne sommes ni des radicaux, ni des sectaires, encore moins des démagogues. Nous invoquons simplement, au nom du passé, du présent et de l'avenir, les lois de l'histoire et de l'unité humaine, bases de l'ordre et du progrès social.

Nous débuterons par la *Bibliographie positiviste*, comprenant 800 ouvrages et écrits qui ont paru jusqu'à ce jour sur la Philosophie positive, dans toutes les langues et dans tous les pays. Cette connaissance bibliographique devient d'une nécessité de plus en plus urgente, afin que l'on puisse entreprendre une étude sérieuse sur cette nouvelle tendance de l'esprit humain. On pourra se former un jugement sur le philosophe et sur son œuvre, en se reportant à la critique même de ses adversaires et de ses admirateurs. Nous réfuterons la critique des premiers et nous rehausserons l'éloge des seconds. L'évolution de l'activité sociale, intellectuelle et morale, nous révélera les trois grandes lois du progrès humain, se décomposant chacune en trois autres phases : au point de vue social, la conquête, la défense et l'industrie; sous le rapport intellectuel, la théologie, la métaphysique et la science; et quant à la morale, la famille, la patrie et l'Humanité. Leurs périodes primitives, d'abord spontanées, puis systématiques, ainsi que celles de leurs transitions, seront parfaitement déterminées dans l'histoire. L'évolution biologique de l'espèce complétera cette grande mutation de l'Humanité, dans laquelle les animaux supérieurs seront définitivement incorporés, après que nous aurons incorporé la femme et le prolétariat. Les sociétés internationales protectrices de l'homme et des animaux renferment déjà inconsciemment le germe de cette incorporation humanitaire. L'origine sociale des races humaines achèvera de caractériser la véritable place de l'homme dans l'Humanité, répudiant les aberrations des écoles allemande et française sur les influences climatériques et surtout biologiques, de plus en plus passagères. Les sept sciences abstraites ou générales, embrassant la Philosophie positive, depuis la mathématique jusqu'à la morale, seront développées en ce qu'elles offrent de positif, également dégagées des doctrines théologique et métaphysique. Ce monument grandiose sera couronné par la morale théorique et pratique ou Religion de l'Humanité, qui résume l'ensemble des connaissances, dans le seul et unique but de *régler* et de *rallier* les esprits profondément subversifs et dispersifs. L'esthétique (la poésie, la musique, la peinture, la sculpture, etc.) idéalisera concrètement les lois abstraites. Grâce à l'inspiration positiviste, l'Humanité renaîtra dans une nouvelle sphère de contemplation réelle, où l'on ne peut pressentir les beautés inouïes, les satisfactions personnelles et collectives de cette prodigieuse et merveilleuse épopée. De cet ensemble émaneront les quinze lois de la Philosophie première, rêve de Bacon et de Descartes, en d'autres termes, les lois générales et applicables à un ordre quelconque de phénomènes, physique, intellectuel ou moral. Les grands types de l'Humanité, principaux agents de l'évolution humaine, tirés du Calendrier positiviste, seront connus et justement appréciés dans la Biographie positiviste. Afin de mieux consacrer leur mémoire, nous placerons un portrait en tête de leur vie. De cette immense élaboration, naîtra la Philosophie de l'histoire, ou l'histoire abstraite de l'Humanité, considérée dans l'espace, dans le temps et dans ses productions. Nous sentirons alors profondément combien l'homme est à la fois le créateur de ses propres œuvres et le serviteur dévoué de l'Humanité, dans le giron de laquelle il est subjectivement destiné à disparaître, après en avoir fait connaître l'existence. Une fois l'esprit du positivisme conçu à fond, l'on pourra apprécier à sa juste valeur l'état intellectuel et moral des peuples actuels et les progrès de cette doctrine. La Bibliothèque positiviste ou indication des sources où l'on devra puiser les connaissances réelles, suivie de l'Encyclopédie ou de l'ensemble de celles-ci, ainsi que de l'éducation positiviste, compléteront la vulgarisation de la Philosophie positive. Nous terminerons cette exposition par l'*Avenir humain*, c'est-à-dire par le gouvernement des générations futures, d'après la prévision que nous fournissent les générations passées et présentes. Nous préparerons ainsi, à l'Humanité, une fin digne de sa jeunesse et de sa virilité. Cette première série sera complétée par un vocabulaire méthodique des Pensées d'Auguste Comte, suivie d'un Glossaire-Index, avec référence pour chaque nom d'auteur et chaque mot aux pages du texte de tous les ouvrages et écrits de Comte.

Certaines questions de Philosophie positive réclament un plus grand développement afin de dissiper l'équivoque qui subsiste encore. Ce sont : 1° l'économie politique dont l'origine historique et la destination sociale et collective ne sont point appréciées; 2° la médecine morale qui gémit dans les langes de la métaphysique et dont l'origine sociale et la portée religieuse est incalculable ; 3° en politique, la multiplicité des partis, toujours croissants et anarchiques, qui se disputent le gouvernement des peuples, se réduisent à trois sectes fondamentales : le rétrograde, le conservateur et le révolutionnaire ; 4° en philosophie, les aspirants à la discipline du cerveau se divisent en trois autres sectes : le spiritualiste, le spiritiste et le matérialiste; 5° en religion, les aspirants à l'empire de l'âme se divisent également en trois sectes : le théiste, le déiste et l'athéiste. Chacune de ces sectes qui s'adresse à l'activité physique, intellectuelle et morale, correspond respectivement à un de ces trois groupes dans l'ordre suivant : le rétrograde est théiste et spiritualiste; le conservateur est déiste et spiritiste; le révolutionnaire est athéiste et matérialiste. On fera sentir que les vrais matérialistes sont les théologiens qui matérialisent leurs divinités subjectives, les métaphysiciens leurs entités également subjectives, et les savants leurs matières et leurs forces objectives, subordonnant les phénomènes les plus généraux aux phénomènes les plus spéciaux, le monde à l'homme; 6° la loi des trois phases, qui se retrouve en tout et partout, constitue, pour ainsi dire, un chiffre *sacré*, car *un* représente l'unité, *deux*, la comparaison, et *trois*, la progression. Cette deuxième série pourra s'étendre à d'autres questions suivant que l'influence croissante du positivisme se fera sentir.

Il y a une vérité extrêmement encourageante dans la Philosophie positive, qui a passé inaperçue en dehors des vrais positivistes; c'est que pour la première fois cette doctrine cesse d'être le fruit d'un cerveau, le pivot d'une école, pour rentrer dans le domaine des faits définitivement acquis à l'Humanité. L'histoire s'est révélée à Auguste Comte, telle qu'elle est, il en a saisi les points culminants, les métamorphoses, les transitions spontanées et systématiques, l'évolution et l'affiliation. Puis, guidé par le flambeau des événements historiques, il a dissipé par la lumière scientifique les ténèbres de l'ignorance. Il a pénétré de plain pied dans ce sanctuaire, d'où il a vu jaillir la Philosophie positive, depuis la mathématique jusqu'à la Religion de l'Humanité, déduction logique et fortuite du savoir humain. Aussi, au fond, Comte n'a-t-il rien inventé, ni la science, ni la politique, ni la religion, suivant le principe qu'il a établi que le passé nous a préparé les forces que l'avenir devra régler. Il n'a fait que coordonner les faits abstraits suivant les lois historiques existantes. Il les a ensuite dépouillés de leur caractère absolu et surnaturel pour les revêtir, d'après leur destination relative et positive, suivant d'autres lois préexistantes.

Dans sa belle conception du progrès humain, Auguste Comte s'est borné à la civilisation la plus avancée de l'Occident, à partir de l'élaboration grecque sous l'impulsion de Thalès. Quant à la période primitive du Fétichisme [1], il s'est contenté de fixer les lois abstraites ou générales de son évolution, sans se préoccuper de les confirmer concrètement chez tel ou tel peuple.

Les études sur l'anthropologie préhistorique, sur les religions, sur les langues antiques et comparées, ouvrent un champ immense d'exploration qui nous permet de confirmer les conceptions du fondateur de la Philosophie positive et d'étendre ses hautes applications. La méthode positive nous servira de guide dans le choix des documents dignes de foi ; elle nous servira de même dans

---

1. Le président De Brosses dit que « les nègres de la côte occidentale d'Afrique, et de l'intérieur des terres jusqu'en Nubie, ont pour objet d'adoration certaines Divinités que les européens appellent *Féliches*, terme forgé par nos commerçants du Sénégal sur le mot portugais *Felisso*, c'est-à-dire, « chose fée, enchantée, divine, ou rendant des oracles ; » de la racine latine *Fatum, Fanum, Fari*. » *Du culte des Dieux fétiches ou Parallèle de l'ancienne religion de l'Égypte avec la religion actuelle de Nigretie*, 1760. In-12, p. 18. (S. L. N. D.)

leur analyse. Il est un fait qui domine tous les autres : c'est la lente évolution d'un ordre quelconque de phénomènes, leurs métamorphoses incessantes et leurs complications toujours croissantes, à tel point qu'en partant, pour ainsi dire, d'un *rien*, on arrive graduellement à un résultat incommensurable.

Cette seule circonstance devrait suffire à faire surmonter l'aversion qu'éprouvent certains esprits à concevoir l'évolution, la filiation et les métamorphoses successives des conceptions religieuses, depuis les doctrines de Manou, de Zoroastre, de Moïse, de Bouddha, de Confucius, du Christ, de Saint Paul, de Mahomet et de Luther, jusqu'à l'avènement de la religion de l'Humanité. Partout, c'est la *Schmita des Schmita* qui se travestit à travers les siècles. « Tout se rencontre au début dans la plus élémentaire des sociétés, dit M. Laffitte : il n'y a dans toute civilisation plus avancée que le développement graduel d'un germe qui existait dès le principe. »

Voilà comment le positivisme émane du fétichisme, après avoir traversé le polythéisme et le monothéisme; comment la sociocratie émane de la théocratie, après avoir traversé la féodalité et le socialisme; comment la morale émane de la mathématique après avoir traversé les cinq sciences intermédiaires. Voilà encore comment l'élaboration gréco-romaine, abstraite et militaire, nous achemine vers l'ère nouvelle scientifique et industrielle, après avoir traversé le moyen âge, qui élabora les affections du cœur, à partir de saint Paul, de saint Augustin et de saint Bernard ; qui élabora la papauté, à partir de Grégoire VII ou Hildebrand jusqu'à Innocent III, lors de la grandeur du catholicisme, pour dépérir sous Boniface VIII. Cette évolution séculaire se reproduit en *Sociologie*, dans le développement lent de l'activité, de l'intelligence et de l'affection humaine; en *Biologie*, dans le développement d'une grande lenteur de l'espèce, depuis la simple monère (ou plutôt *protiste*), jusqu'à l'homme; en *Géologie*, dans le développement extrêmement lent de la succession des révolutions qui s'opèrent encore sous nos yeux ; en *Physique*, dans le développement d'une lenteur inouïe de la transformation équivalente des forces vives ; en Astronomie enfin dans le développement d'une durée incalculable de la formation des mondes ; tout cela se tient par un admirable enchaînement, car les lois physiques, vitales, intellectuelles et morales sont dans le temps, dans l'espace et dans les choses intrinséquement analogues, mais non identiques. L'esprit est frappé de l'unité d'origine, de plan et de but qui caractérise la Nature. Il ne l'est pas moins, quand il admire la prodigieuse diversité d'effets produits par un très-petit nombre de causes efficientes agissant partout de même. Tout naît spontanément, ensuite la décadence arrive. La loi normale devient perturbatrice, l'anarchie s'engendre, la guerre éclate. C'est une époque de transition qui se termine à l'apparition spontanée, puis systématique d'une nouvelle phase sociale.

L'œuvre d'Auguste Comte a des antécesseurs, des contemporains et des successeurs, mais toutes les évolutions, toutes les données anciennes ou nouvelles ne font que confirmer la transcendance de l'esprit du positivisme. Elles démontrent comment, dans le courant positiviste qui entraîne inconsciemment les savants, on peut arriver par des chemins différents à des conclusions rigoureusement équivalentes qui viennent à l'appui les unes des autres.

En incorporant cette nouvelle série de faits aux faits positifs déjà systématisés par Auguste Comte, nous devons surtout nous mettre en garde, non plus contre l'esprit théologique et métaphysique, puisque nous sommes en présence de la science, mais contre l'esprit du *matérialisme objectif* des savants qui tend à prédominer à défaut d'une synthèse. Pour éviter cet écueil, il suffit de rapporter ces faits nouveaux à leur destination sociale et humaine, — l'homme au monde, — afin d'instituer la synthèse *subjective*, la seule réalisable. Hors de cette voie, l'esprit s'égare perpétuellement dans une vaine analyse, attendu qu'il n'existe pas d'unité objective assez puissante, capable de relier tous les autres phénomènes et d'instituer une synthèse purement objective. La gravitation, le phénomène le plus général et le plus simple, ne peut même pas relier complétement la mécanique céleste. Que serait-ce en morale ! Faraday avait déjà fait la remarque que la loi de la gravitation pèche dans son application, lorsqu'on l'étend aux dernières limites des corps célestes et aux dernières limites des affinités chimiques. Il est également impossible et chimérique de rapporter tous les phénomènes de la nature à une loi unique, même à la gravitation newtonienne. Les lois sont nécessairement multiples, d'après l'impossibilité notoire de faire jamais rentrer l'un dans l'autre les deux éléments généraux de toutes nos conceptions réelles, le monde et l'homme, dit Auguste Comte. Le grand Descartes avorta dans la plus forte construction objective qui ait jamais été conçue ; il avorta également par la voie métaphysique. Comme l'observe Auguste Comte : « Les moyens de l'esprit humain sont trop faibles, et l'univers trop compliqué pour qu'une telle perfection scientifique soit jamais à notre portée. » Depuis il a prouvé par d'autres considérations sociales et religieuses, que la synthèse du savoir humain ne pourra se constituer que subjectivement, à l'aide de l'objectivité scientifique.

La synthèse primitive, subjective et absolue de la théologie part de la recherche des causes, mais la connaissance et la systématisation des lois se substituent à la notion de la cause et rendent l'absolu relatif. La systématisation des lois préserve en même temps la synthèse humaine de l'ascendant non moins funeste de l'objectivité absolue de la science, qui prétend sacrifier la dignité rationnelle à la réalité matérielle. Sous l'état normal, le subjectif se subordonne à l'objectif, mais cette subordination est purement relative à nos besoins auxquels il faut adapter nos moyens. Renonçant alors à toute synthèse absolue, subjective ou objective, on institue une systématisation subjective dont la destination pratique détermine la nature théorique. Voilà ce que Auguste Comte appelle la synthèse et la méthode subjectives. Il démontre encore que toute synthèse doit être subjective parce que l'objectivité est toujours analytique et dispersive; d'où il découle que chaque science est à la fois objective et intellectuelle par son but, et subjective et morale d'après ses moyens, afin de rallier le raisonnement au sentiment. La science implique un spectacle, toujours extérieur au contemplateur, d'où dépend sa connaissance; elle est donc simultanément physique, intellectuelle et morale, suivant sa correspondance avec les trois grandes facultés cérébrales de l'âme humaine.

Nous considérons les événements sociaux comme des phénomènes inhérents au grand *Être humain*, à ce que l'on appelle vaguement le corps social, de même que les propriétés de la matière nous accusent son existence. Là, ce sont les lois de l'histoire qui nous révèlent l'existence intellectuo-morale de l'Humanité ; ici, ce sont les lois mécanico-physiques et chimico-biologiques qui nous révèlent la création inorgano-vitale. Ainsi, au lieu de nous insurger contre les phénomènes que nous considérons tous comme naturels, nous nous en rendons compte pour les diriger vers leur véritable destination sociale et humaine.

Nous ne venons pas nous exclamer avec Feuerbach, dans son *Essence* du *Christianisme :* « Par ce livre, je me suis brouillé avec Dieu et avec le monde. » Nous ne crions pas à la suite de Proudhon, ce démolisseur voltairien avorté dans un siècle de réorganisation spontanée : « Dieu est le mal et la propriété est le vol. » Nous expliquons la naissance, la grandeur et la chute des Dieux, du surnaturel et des entités, d'après la philosophie positive de l'histoire. Nous démontrons que c'est l'observation abstraite, dès la transition du fétichisme au polythéisme, qui a créé les Dieux, et que la naissance des Dieux engendra les castes théocratiques.

Si nous affirmons que la richesse *est sociale dans sa source et doit l'être dans sa destination*, nous proclamons bien haut, qu'elle doit avoir en même temps une *appropriation personnelle*, comme condition nécessaire de toute dignité, de toute moralité et de tout progrès. Nous affirmons encore que la richesse doit être placée au service de l'Humanité, d'après une doctrine morale qui la mette à l'abri de l'arbitraire et règle son emploi. Nous aurons occasion de démontrer dans notre 28º Monographie, que tout ce qui s'éloigne de ces données positives, est du sophisme économique.

Deux exemples empruntés, l'un à la politique, l'autre à la religion achèveront de compléter très-succinctement cette première démonstration. Quand le positivisme vient dire que le *progrès est le simple développement de l'ordre*, on répond : « Mais, nous le savons bien. » Vous le savez, aujourd'hui, grâce au positivisme, mais vous ne le saviez pas hier. Nos ancêtres l'ignoraient complétement! Vous le savez, mais vous ne le concevez pas à fond, ce qui fait qu'on vous trouve toujours disposés à bouleverser l'ordre et à faire rétrograder le progrès au nom d'un prétendu droit humain. Il n'en est pas ainsi d'après la doctrine positiviste, car elle démontre d'une façon palpable, que le progrès est une loi universelle de la nature qui se retrouve partout, en mathématique, en astronomie, en physique, en chimie, en biologie, en sociologie, en morale et en religion.

Les rétrogrades, de leur côté, triomphent et considèrent comme un bienfait du ciel d'étouffer partout la libre pensée, de brûler, sous Honorius III, sous Grégoire IX, sous saint Louis et sous Sixte IV, les hérétiques anti-ultramontains ou anti-chrétiens, empruntant la maxime de l'empereur Julien qui se réjouissait en martyrisant les hérétiques anti-payens. Ils triomphent quand J. A. Llorente, ancien secrétaire de l'Inquisition de la cour d'Espagne, écrit que les soi-disant hérétiques condamnés par ce tribunal depuis 1481 jusqu'en 1808, c'est-à-dire depuis son rétablissement jusqu'au règne de Ferdinand VII, s'élèvent à l'énorme chiffre de 343,522 victimes, ainsi qu'il suit : 34,382 brûlés en personne, 17,690 brûlées en effigie, et 291,450 pénitenciés avec des peines rigoureuses [1].

Quant aux libres-penseurs, ils exècrent leurs bourreaux au nom d'une prétendue liberté de conscience aussi absolue que vaine, qu'ils appellent *droit humain* et qu'ils substituent au droit divin.

La doctrine positiviste répudie les uns et les autres, au nom de la vraie liberté de conscience fatalement enchaînée à sa propre nature. Elle démontre que l'homme n'est pas libre d'agir au gré de ses caprices ; que l'idée de droit, l'équivalent de *cause* en

---

[1]. Histoire critique de l'Inquisition d'Espagne, depuis l'époque de son établissement par Ferdinand V jusqu'au règne de Ferdinand VII ; tirée des pièces originales des archives du conseil de la Suprême, et de celles des tribunaux subalternes du Saint-Office, par Juan Antonio de Llorente. — Traduit de l'espagnol par Alexis Pellier. Paris, 1818, 2e édition, 4 vol. in-8. (vol. IV, p. 271-272).

philosophie, est hautement révolutionnaire et métaphysique; qu'au fond, l'homme est esclave de la liberté, et qu'enfin, il n'a d'autre droit que celui *d'accomplir ses devoirs*. En un mot, au droit humain, elle substitue le *devoir humain*.

De la sorte, il n'y a point une seule question humaine qui échappe au positivisme, qu'il s'agisse de condamnation des événements, de justification des partis ou de rectification des opinions. Dans cette opération historique et scientifique réside l'immense pouvoir spirituel du positivisme, lorsqu'on l'étend à la religion universelle de l'Humanité.

Vu l'irrévocable dispersion des croyances surnaturelles, dit Auguste Comte, aucune secte ne peut, désormais, rallier les autres, et cet isolement annule les principaux efforts respectivement tentés contre les tendances irréligieuses. Toute âme qui sent l'urgence de faire prévaloir la morale sur la politique, et de subordonner l'activité matérielle à la culture sympathique accueillera avec empressement la Philosophie positive et la Religion de l'Humanité.

Dire qu'il faut une religion, des principes et des croyances, ajoutons-nous, qui puissent servir de frein aux classes ignorantes, aux enfants, aux femmes et aux ouvriers, c'est parfaitement vrai, pourvu que tout cela s'impose moralement, par la voie du *cœur* et de la *raison*, et plus encore, par de *bons exemples* et non par des paroles feintes ou par des convenances personnelles. Mais s'imaginer ensuite, que les savants, les parents, les patrons et les gouvernements puissent impunément se dispenser d'un tel frein, tout en faisant semblant d'y croire, c'est simplement de la niaiserie et qui est pis de l'immoralité. Le fruit que l'on recueille de cette orgie morale est une systématisation dégradante du jésuitisme et de l'hypocrisie, qui apparaît aux classes ignorantes aussitôt qu'elles peuvent s'instruire à leur tour, voir de leurs propres yeux et apprécier les choses et les hommes tels qu'ils sont.

D'autre part, de bonnes gens vraiment

religieux, obéissent malheureusement à des préjugés d'enfance qu'ils tiennent de leurs pères, mais qu'ils ne sauraient plus transmettre à leur descendance, vu l'incrédulité toujours croissante de notre génération de plus en plus émancipée du théologisme. Dès lors, la société réclame moins de mensonges et plus de vérités, moins de fiction et plus de réalité, moins de paroles et plus de consciencieux exemples, s'il est vrai que l'on désire fermement infiltrer dans le cœur des nouvelles générations les principes de la vraie morale en action. Lorsqu'une doctrine solide et vraiment honnête aura remplacé l'hypocrisie officielle régnante aujourd'hui, tout le corps social s'en trouvera pénétré, et la loi de l'hérédité se chargera de la fixer dans le cœur de nos descendants.

Lorsqu'on aura tété ces grandes vérités du Positivisme, on cessera de prendre les caractères moraux et intellectuels des périodes de transition, comme la nôtre, pour les attributs normaux de l'Humanité. Persuadons-nous que toute question politique ou religieuse est préalablement une question sociale et qu'elle ne peut être résolue que par cette voie. Si nous désirons consciencieusement le rétablissement de *l'ordre moral*, faisons moins de politique et plus de science et d'industrie, battons en brèche l'ignorance et marchons à la conquête de l'instruction obligatoire et laïque.

Le voilà ce profond mystère de la Philosophie positive, cette *oligarchie* spirituelle, temporelle et scientifique, comme disent nos adversaires, que nous nous proposons d'exposer dans la Bibliothèque positiviste.

En entreprenant la tâche pénible de vulgariser le Positivisme, nous obéissons uniquement à un vœu maintes fois exprimé par Auguste Comte, et que l'on trouve formulé en plusieurs endroits de ses œuvres et en particulier dans un passage de son remarquable *Discours sur l'esprit positif*.

« Pour surmonter convenablement, dit-il, ce

concours spontané de résistances diverses que lui présente aujourd'hui (au positivisme) la masse spéculative proprement dite, l'école positive ne saurait trouver d'autre ressource générale que d'organiser un appel direct et soutenu an bon sens universel, en s'efforçant désormais de propager systématiquement, dans la masse active, les principales études scientifiques propres à y constituer la base indispensable de sa grande élaboration philosophique. » . . . .

« Cette sommaire appréciation suffit maintenant à signaler, dans les divers aspects essentiels, l'affinité nécessaire des classes inférieures pour la philosophie positive, qui, aussitôt que le contact aura pu pleinement s'établir, trouvera là son principal appui naturel, à la fois mental et social ; tandis que la philosophie théologique ne convient plus qu'aux classes supérieures, dont elle tend à éterniser la prépondérance politique, comme la philosophie métaphysique s'adresse surtout aux classes moyennes, dont elle seconde l'active ambition. Tout esprit méditatif doit ainsi comprendre enfin l'importance vraiment fondamentale que présente aujourd'hui une sage vulgarisation systématique des études positives, essentiellement destinée aux prolétaires, afin d'y préparer une saine doctrine sociale [1]... »

Notre unique ambition est cette « sage vulgarisation systématique des études positives, » si chaleureusement préconisée par notre grand maître, il y a trente ans aujourd'hui ; c'est le but que nous nous proposons d'atteindre dans notre *Bibliothèque positiviste*.

Nous allons esquisser à grands traits le cadre de l'évolution négative et positive de l'Humanité dont le développement historique, scientifique et religieux embrassera l'ensemble de notre exposition du positivisme. On pourra ainsi se faire une idée de l'étendue et de la nature des questions que nous traitons. Nous compléterons notre Introduction par l'examen d'autres ques-

---

[1] *Traité philosophique d'Astronomie populaire*, etc. Paris, 1844, p. 80, 93.

tions d'actualité, et sous litige, qui appellent des prémisses nettement posées, afin de dissiper toute équivoque sur la nature de notre vulgarisation. Nous reprendrons ces mêmes questions au fur et à mesure de la publication des Monographies qui s'y rattachent. Mais, avant, signalons le caractère de l'admirable unité de la révolution entreprise par Auguste Comte.

Voici l'énumération des trente-trois Monographies dont se compose la Bibliothèque positiviste.

PREMIÈRE SÉRIE.

Introduction ou Appréciation générale.
1. La Bibliographie positiviste.
2. Auguste Comte et ses adversaires.
3. Auguste Comte et ses admirateurs.
4. L'Évolution sociale et politique de l'Humanité.
5. L'Évolution intellectuelle et scientifique de l'Humanité.

6. L'Évolution morale et religieuse de l'Humanité.
7. L'Évolution de l'espèce, animale et humaine.
8. L'Origine sociale des races humaines.
9. La Mathématique positive.
10. L'Astronomie positive.
11. La Physique positive.
12. La Chimie positive.
13. La Biologie positive.
14. La Sociocratie positive.
15. La Morale positive.
16. La Religion positive ou la Religion de l'Humanité.
17. L'Esthétique positive.
18. La Philosophie première.
19. La Biographie positiviste, avec portraits.
20. La Philosophie de l'Histoire.
21. L'État actuel du Positivisme chez tous les peuples.
22. La Bibliothèque positiviste.
23. L'Encyclopédie positiviste.

24. L'Éducation positiviste.
25. L'Avenir humain.
26. Pensées d'Auguste Comte.
27. Glossaire-index.

DEUXIÈME SÉRIE.

28. L'Économie politique.
29. La Médecine morale.
30. Le Rétrograde, le Conservateur, le Révolutionnaire.
31. Le Spiritualiste, le Spiritiste, le Matérialiste.
32. Le Théiste, le Déiste, l'Athéiste.
33. La Loi des trois phases.
34. La Théorie des Milieux : cosmique, vital et social.

CHAPITRE II

LA RÉVOLUTION D'AUGUSTE COMTE.

> « Qu'est-ce qu'une grande vie ?
> « Une pensée de la jeunesse réalisée par l'âge mùr. »
> ALFRED DE VIGNY.

Pendant que la rétrogradation théologico-monarchique et l'anarchie métaphysico-révolutionnaire se disputaient l'âme de la France, que faisait le Positivisme ? que faisait Auguste Comte ?

En 1817, Auguste Comte développait la sentence suivante : *tout est relatif ; voilà le seul principe absolu.*

En 1818, il envisageait la liberté de la perse comme procurant à tous les citoyens une autorité consultative.

En 1819, il établissait la nécessité de la

séparation des deux pouvoirs, temporel et spirituel.

En 1820, il ébauchait la conception générale du passé moderne, en séparant les deux mouvements, négatif et positif, dont le concours caractérise la révolution européenne. Le contraste historique qu'il établissait, le premier, entre la France et l'Angleterre, suivant que prévalut le pouvoir central ou la force locale, put guider plusieurs historiens qui se gardèrent de lui rendre justice.

En mai 1822, à l'âge de vingt-quatre ans, il fit sa découverte fondamentale des lois sociologiques, qui détermina sa direction philosophique. Les deux points de vue scientifique et politique furent alors intimement combinés. « Ce fut le plan de son existence qu'il traça alors; plan, dit M. Laffitte, qu'il accomplit en trente-cinq années d'un labeur continu. » Il combatit, au nom du vrai progrès, l'absolutisme du principe de la souveraineté du peuple et de l'égalité.

En 1825, il faisait un pas plus direct vers

l'établissement d'une nouvelle autorité spirituelle, d'après une philosophie fondée sur la science, en démontrant la marche continue de l'Humanité vers la réorganisation du pouvoir théorique.

En 1826, il exposait d'une manière définitive la division philosophique et sociale des deux pouvoirs. Sa tendance continue à fonder un nouveau sacerdoce devint assez prononcée pour attirer sur lui les reproches du chef de l'école révolutionnaire, Benjamin Constant, et les félicitations du chef de l'école rétrograde, Lamennais. Dans ses cinq premiers opuscules, mais surtout dans les trois qui leur font suite, on remarque une progression constante, où le terme final caractérise le but général, la réorganisation du pouvoir spirituel, d'après la rénovation de la philosophie. Sa découverte des lois sociologiques fut prise pour base d'une nouvelle autorité spirituelle destinée à rétablir l'ordre mental et moral dans l'Occident européen, et par suite à réorganiser les institutions politiques et sociales.

En 1828, dans son examen du Traité de Broussais sur l'*Irritation*, on saisissait la transition qui s'opère entre son début social et sa carrière intellectuelle.

Dès 1825, le jeune rénovateur s'était aperçu que le dogme de la foi nouvelle n'était ni complet ni coordonné, et qu'il fallait, avant tout, effectuer une immense systématisation. Tel fut le but de son *Système de Philosophie positive*, dont l'exposition orale, commencée en avril 1826, fut publiée en une série de six volumes (de juillet 1830, à juillet 1842), dont le dernier forme la conclusion de cette œuvre magistrale. Il y faisait de plus en plus pressentir la construction religieuse qu'exigeait sa destination sociale, conformément à son institution primitive. Dix-sept années de son existence — *longi temporis œvum* — furent consacrées patiemment à cette élaboration, dont le fruit fut la découverte du dogme éternel de la religion finale, où tout le savoir humain se trouve hiérarchiquement coordonné sous l'universelle prépondérance de la science finale. C'est alors que, reprenant « le hardi projet de sa jeunesse, » il put fonder la religion universelle, basée sur la systématisation positive des *sentiments*, et placée sous la tutelle d'un nouveau sacerdoce spirituel.

A partir de 1830 jusqu'en 1848, il professa un Cours philosophique d'astronomie à la Mairie des Petits-Pères, alors IIIe arrondissement. Le gouvernement de 1848 crut devoir sacrifier aux rancunes de certaines coteries l'enseignement qu'il donnait gratuitement depuis dix-huit ans. En 1849, une salle lui fut accordée derechef, au Palais-Cardinal, et il y professa un cours sur l'histoire générale de l'Humanité. Cette salle lui fut décidément retirée lors du coup d'État du 2 Décembre. Ce cours était surtout destiné à vulgariser sa doctrine, à donner une juste idée de l'intime liaison du présent avec l'ensemble du passé, et à faire concevoir l'avenir social sans utopie, de manière à régulariser la transition finale, d'après la théorie historique qui caractérise le positivisme.

Le 22 décembre 1830, il fit parvenir une adresse au roi Louis-Philippe, signée des membres du comité permanent de l'Association polytechnique dont les cours publics et gratuits lui devaient une large part de leurs succès. On y dénonçait tout à la fois l'incapacité politique, la faiblesse morale et l'impopularité des Chambres, en même temps que l'on y exprimait le vœu de voir imprimer à la marche du nouveau gouvernement, la haute direction progressive, seule conforme au véritable esprit de la Société moderne.

Le 29 octobre 1832 et le 30 mars 1833, à la suite d'une entrevue, il avait adressé à M. Guizot, ministre de l'instruction publique, deux lettres sur la création d'une chaire d'histoire générale des sciences physiques et mathématiques au collége de France; cette tentative avortée, fut renouvelée en 1846, mais aussi vainement, sous le ministère de M. de Salvandy.

En juin 1841, il flétrissait le bonapartisme dans l'autocrate « qui organisa, de la manière la plus désastreuse, la plus intense rétrogradation politique dont l'Humanité dut jamais gémir. »

En 1843, il exposait à John Stuart Mill, dans une longue correspondance intime et philosophique qui date du 20 novembre 1841, ses idées sur la véritable condition sociale de la femme, en opposition avec celles de l'économiste anglais.

Le 24 février 1848, jour où tonnaient la fusillade et le canon, il organisait « une Association libre pour l'instruction du peuple dans tout l'Occident européen », et lui donnait le 8 mars le nom de *Société positiviste*.

En juillet 1848, il instituait le culte systématique de l'Humanité destiné à glorifier la continuité historique.

En avril 1849, il publiait son *Calendrier positiviste* ou historique, destiné à systématiser la commémoration publique et privée de l'ensemble du passé, et consacrait l'immense transition de trente siècles qui conduisit l'Occident de la théocratie à la sociocratie, représentant l'ensemble de la préparation humaine. Il démontrait que l'adoration de nos dignes ancêtres est indispensable au développement de l'instinct de continuité, principal type de notre sociabilité; que sous l'inspiration de la Religion de l'Humanité, l'histoire devient la science *Sacrée*, directement vouée à l'étude des destinées du Grand-Être ou de l'Humanité. Grâce à cette commémoration, le positivisme vient rétablir l'instinct de continuité historique en ralliant les occidentaux de plus en plus révolutionnaires, à l'attitude normale des théocrates et des fétichistes, afin d'instituer l'association universelle. Ce tableau historique est ainsi destiné à notre prochaine transition organique dans le but de ramener des âmes anarchiques à la subordination abstraite envers le passé par la glorification concrète du progrès accompli.

Du 14 mars 1850 au 15 janvier 1857, année de sa mort, il faisait paraître huit *Circulaires* annuelles adressées aux coopérateurs du *libre subside* d'abord spontanément institué par lui, et bientôt systématiquement consacré à l'avènement du nouveau Sacerdoce de l'Humanité. « Ces mandements périodiques, dit le docteur Robinet, dans lesquels son influence consultative se faisait sentir, annonçaient les besoins et la conduite de la nouvelle direction religieuse, en même temps qu'ils exposaient les progrès de l'Église naissante, reprenaient ses fautes, encourageaient ses efforts, et fixaient sa marche ou sa situation. »

De juillet 1851 à août 1854, il donnait en quatre volumes la *Politique positive*, fondée sur l'histoire et subordonnée à la morale, d'après son *Traité de Sociologie, instituant la Religion de l'Humanité.*

Le 8 octobre 1851, il faisait paraître sa *Bibliothèque du Prolétaire* ou *Positiviste*, offrant un système de lectures en harmonie avec la transition organique. Ce fut un complément à l'institution du Calendrier historique, où ses types illustres sont portés à la connaissance du public ainsi que leurs principaux chefs-d'œuvre, afin de le mettre à même de connaître et de glorifier les bienfaiteurs de l'Humanité. Cette collection provisoire en cent cinquante volumes préparait la condensation normale du trésor esthétique, intellectuel et moral, en cent tomes systématiques. Il y recommande chaleureusement la lecture quotidienne de la sublime ébauche de la nature humaine de Kempis, dans son *Imitation de Jésus-Christ*, ainsi que l'incomparable épopée du Dante.

Le 29 février 1852, il adressait une lettre à M. Vieillard, son protecteur positiviste, Sénateur de la République, ami intime et ancien précepteur de Napoléon III, dans laquelle il indiquait la conduite qu'avaient à tenir les vrais conservateurs et réprouvait la seconde restauration impériale.

Le 1er avril 1852, il lançait une circulaire en vue de la fondation d'une publication trimestrielle, sous le nom de *Revue Occidentale* ou « Application continue du positivisme au cours des événements humains, accomplis ou prévus, pour l'application systématique du mouvement intellectuel et social, chez les cinq populations avancées, française, italienne, espagnole, germanique et britannique, qui composent, depuis Charlemagne, la grande République occidentale. »

En octobre 1852, il publiait le *Catéchisme positiviste* ou « Sommaire exposition de la Religion universelle, en onze entretiens systématiques entre une Femme et un Prêtre de l'Humanité. » Par l'institution du culte, du dogme, et du régime positifs, il transformait la religion révélée et fictive en Religion *démontrée* et *positive*, seule apte à rétablir l'unité en nous et le ralliement de chacun aux autres. Ainsi que le dit M. Laffitte, « sans la Religion qui subordonne les idées et les actes au sentiment, un nouveau Sacerdoce était impossible, car le cœur, source même de la vie humaine, ne se trouvait pas alors directement atteint. »

Le 17 juin et le 20 décembre 1852, il rédigeait un manifeste destiné au tzar Nicolas Ier, qui ne lui fut pas remis, faute de réponse à sa demande d'autorisation en date du 14 avril 1853. Ce manifeste plein de conseils salutaires débutait ainsi : « Un philosophe constamment républicain adresse au plus absolu des rois actuels une exposition systématique de la régénération humaine tant sociale qu'intellectuelle. » Il y érigeait le tzar en type des conservateurs empiriques qui peuvent devenir systématiques. En juillet 1854, il écrivait sur ce même souverain, ces lignes mémorables : « Quelque blâmable que soit aujourd'hui sa conduite extérieure, elle ne saurait encore annuler un quart de siècle d'honorables efforts pour améliorer la situation intérieure d'un immense empire. » Malgré les apparences, il persistait à croire que son tort personnel consistait à ne pas résister assez aux impulsions aussi folles que coupables d'un vicieux entourage.

C'est encore dans son manifeste au tzar, du 17 juin 1852, qu'il dépeignait l'essor empirique du républicanisme français.

Le 4 février 1853, il adressait un autre manifeste à Reschid-Pacha, ancien grand vizir de l'empire ottoman, sur l'exposition systématique d'une rénovation intellectuelle et sociale, non moins attendue en Orient qu'en Occident. En éclairant la politique orientale, il se proposait d'agir sur la raison occidentale pour la mieux placer au vrai point de vue qu'exige une réorganisation devenue, depuis le moyen-âge, essentiellement connexe entre l'Islamisme et le Catholicisme. Il le félicitait du double progrès qu'il avait réalisé, et qui, maintenant, importe le plus à la civilisation musulmane, à l'égard de la monogamie et de la suppression des marchés d'esclaves qui souillaient encore la capitale des Osmanlis.

Le 1er mars 1853, il adressait des conseils urgents aux vrais républicains, dans le but de réduire leur devise à *Liberté* et *Fraternité*, d'abolir le régime parlementaire, de fonder une *Dictature* dont le caractère progressif soit garanti par une pleine et inviolable liberté d'exposition et de discussion, etc.

De 1854 à 1855, il écrivait huit lettres à un de ses plus éminents disciples, le docteur

G. Audiffrent, dans lesquelles il ébauchait la grande théorie pathologique qu'il devait élaborer dans son traité de morale. Le docteur Audiffrent a, depuis, victorieusement développé la théorie morale de l'état physiologique et pathologique initiée par son maître.

En août 1855, il faisait un *Appel aux Conservateurs*, destiné à l'alliance mutuelle de tous les partis, et leur retraçait fidèlement leur histoire, leurs actes passés et présents. L'ordre moral, aujourd'hui invoqué comme garantie de l'ordre matériel, la situation dans laquelle nous nous débattons, voire même notre dictature transparente, tout s'y trouve clairement prédit.

C'est en 1855, qu'il constituait définitivement la religion de l'Humanité. Cette année sera sociologiquement caractérisée dans l'histoire par la coïncidence décisive d'une irrévocable dictature impériale avec l'entière construction d'une religion démontrée. Ayant transformé la science en philosophie, la politique en science, il transformait la religion révélée en religion *démontrée*. Il découvrait comment la science conduit à la philosophie et la philosophie à la religion. Après avoir parlé au présent au nom du passé, il parlait à l'avenir au nom du présent et du passé.

Enfin, en novembre 1856, il faisait paraître sa *Synthèse subjective*, le premier des quatre volumes qui devait former l'ensemble de l'Avenir humain, comprenant : la Logique, la Morale théorique et pratique, et l'Industrie positives. En d'autres termes, la systématisation des notions propres à l'état normal, en logique (mathématique), en morale, en industrie.

Mais hélas! c'est au moment où il installait enfin le nouveau pouvoir spirituel, but de toute son œuvre, que la seule chose irréparable, la — *Mort* — vint terminer cette noble existence objective dans toute sa vigueur mentale à l'âge de cinquante-neuf ans.

Auguste Comte, né à Montpellier le 19 janvier 1798, est mort à Paris le 5 septembre 1857, à six heures et demie du soir.

Il est permis à nous autres, les vrais positivistes, d'appliquer avec orgueil au Grand-Maître et au premier *Pontife de l'Humanité*, ces belles paroles d'Alfred de Vigny : « Qu'est-ce qu'une grande vie ? Une pensée de la jeunesse réalisée par l'âge mûr. »

La vie du fondateur du positivisme dans son admirable unité, comme dit fort bien le docteur Robinet, se partage en trois phases : dans la première, d'un caractère surtout *social*, il proclame la nécessité de la restauration spirituelle ; dans la seconde, principalement *philosophique*, il construit les bases systématiques de cette nouvelle autorité ; dans la troisième, essentiellement *religieuse*, il institue le culte correspondant au dogme préalablement élaboré.

Outre l'inspiration sociale et l'esprit positif, on trouve dans Auguste Comte l'ardeur rénovatrice d'un véritable génie philosophique. Une si grande puissance intellectuelle était cependant surpassée chez lui, suivant le privilége des âmes nobles, par la suprême qualité du cœur : l'amour et le dévouement à l'*Humanité*. En d'autres termes, à la splendeur du génie, à la chaleur du sentiment et à la force du caractère, ajoute le docteur Robinet, il joignait la combinaison suprême de tous ces nobles sentiments, la moralité.

Nous disons avec son médecin, le docteur Robinet, qu'au génie d'Aristote, Auguste Comte réunissait la sociabilité de saint Paul et l'énergie de Junius Brutus. Il confondait dans une seule âme : la sagesse antique, la tendresse chevaleresque, la pureté catholique, la raison et le sentiment modernes. « Le positivisme aborde avec sagesse, continue le docteur Robinet, les deux grandes nécessités de la situation moderne : l'éducation et le travail ; il poursuit avec recueillement l'œuvre d'une régénération décisive qui doit s'étendre de l'Occident au reste de la terre. » Le positivisme tend partout, sous le rapport des institutions, vers l'état pacifique ou *industriel*, et sous le rapport des opinions, vers l'état rationnel ou *scientifique*.

CHAPITRE III

L'ÉVOLUTION NÉGATIVE DE L'HUMANITÉ.

> « Le passé enfante péniblement l'avenir. »
> A. POEY.

Il suffit de jeter un coup d'œil philosophique sur le grand livre de l'histoire de l'Humanité, pour se faire une idée de la filiation des conceptions de l'esprit, toujours à la recherche de sa propre nature et de la connaissance du monde.

L'homme primitif, sauvage, privé de langage, dépourvu de toute ressource physique et de toute initiative morale, vit dans des cavernes [1], à l'égal des bêtes fauves; tou-

1. W. Boyd Dawkins : Cave-Hunting; Researches on the Evi-

jours en lutte pour l'existence, il leur dispute sa propre subsistance; débarrassé de ce souci, « il obéit à ses penchants, il les satisfait quand il peut, comme il peut, puis il dort, » dit M. Laffitte. S'il rampe dans les bois, il tremble à la vue du monde, le spectacle de la nature le remplit d'une crainte respectueuse, souvent d'une profonde terreur. C'est la vie aux prises avec la vie elle-même, avec l'instinct à la fois conservateur et destructeur.

Plus tard, afin d'adoucir sa condition, l'homme travaille la terre, le bois, la pierre, le bronze et le fer. L'industrie s'éveille chez l'homme. La science n'a encore découvert aucun reste de cet homme primitif (*Homo primigenius*), homme pithécoïde, qui dérive par voie d'évolution des singes anthropoïdes. L'existence de cet homme, descendant de mammifères placentaliens, remonte vers la fin de l'âge tertiaire, dans la période pliocène, ou dès l'époque miocène ou seu-

---

dence of Caves respecting the early Inhabitants of Europe. London, 1874.

lement du commencement de la période diluvienne. Il faut chercher d'après Haeckel le berceau de l'Humanité — ce soi-disant « Paradis » — dans un continent actuellement submergé par l'Océan indien, entre l'Asie méridionale et l'Afrique orientale, continent que Sclater appelle *Lemuria*, à cause des singes lémuriens qui le caractérisaient et qui existent encore aujourd'hui dans les îles de cette région.

On trouve de nos jours des hommes sous cet état primitif parmi les Australiens, les Papous polynésiens, les Boschismans, les Hottentots et autres tribus nègres. Plusieurs de ces tribus n'ont pas de mots pour exprimer les idées les plus élémentaires, et sont incapables de la plus simple abstraction. Aucune numération australienne ne dépasse le nombre quatre. D'autres peuplades sauvages ne savent compter que jusqu'à dix ou vingt, tandis que des chiens intelligents ont pu apprendre à compter jusqu'à quarante et même soixante. Ne concevant pas la vie en famille, ces tribus errent en troupes et ressemblent plus à des réunions de singes qu'à des sociétés humaines [1].

Sous cet état primitif l'homme est uniquement préoccupé de sa conservation, le cœur et l'esprit restent muets comme la tombe ; il n'en soupçonne même pas l'existence.

Mais un jour vient, où ses besoins matériels étant satisfaits, l'homme jette un regard distrait autour de lui. Oh! surprise... il se voit entouré d'une création infinie dont la beauté l'éblouit, et dont l'existence lui avait été voilée par les tourments d'une vie active, d'une intelligence sans culture et d'un cœur assoupi.

Pour la première fois, son âme s'épanouit. L'homme — ou plutôt l'Humanité — commence à réfléchir et à coordonner ses idées.

Voulant tout expliquer à la fois, comme l'enfant qui n'a aucune notion des choses qui l'entourent, l'homme rapporte sur elles ses

---

[1]. E. Haeckel, *Histoire de la création*, etc. Paris, 1874, p. 645. — John Lubbock, Prehistoric Times. London, 1867 ; traduit en français par E. Barbier. Paris, 1871.

propres impressions et se dit : Il y a en moi un être surnaturel qui me fait vivre, aimer et penser; donc, dans cet animal, dans cet arbre, dans ce ruisseau aux ondes limpides et murmurantes, il y a autant d'êtres identiques à mon être.

Remarquons bien l'enseignement profond que le passé nous a légué gravé dans l'histoire et dans les choses.

Cette première conception de l'homme purement subjective et fétichiste, va bientôt se transformer en idée de *Dieu* dans la théologie, en idée du *Moi* dans la métaphysique, et finalement en idée de l'*Humanité* dans la philosophie positive.

Les notions d'ensemble et de classification se font d'abord jour, et l'Humanité réduit considérablement le nombre et les attributs de ses fétiches. Elle les dispose par groupes comme font les naturalistes. Chaque catégorie, hommes, animaux, arbres, etc., n'est plus régie que par une seule et unique divinité presque abstraite, qui prend le nom du groupe correspondant; c'est, par exemple, la divinité de la Forêt.

Telle est la première phase de l'Humanité, l'âge de pierre et de fétiches, connue sous le nom de période du *Fétichisme.*

Le Fétichisme ou enfance religieuse de l'Humanité, a cependant réalisé de grandes conceptions. La croyance à la matière active et vivante, unie à la contemplation concrète des êtres et à la subordination absolue de l'homme au monde, détermine le fatalisme absolu ou casualité fétichique qui institue l'ordre temporel en faisant prévaloir la vie sédentaire et en préparant l'office du Sacerdoce. La logique humaine, basée sur les sentiments, développe les affections sympathiques en instituant la famille. Le Fétichisme crée la raison concrète ou pratique, la synthèse, la méthode subjective absolue, et ébauche la méthode constructive en faisant prévaloir le type humain. Il institue le culte de la tombe. Les volontés fictives et indépendantes régies par un fatalisme absolu donnent naissance à la religion spontanée, base de la religion démontrée ou humaine, etc.

« Le Fétichisme, dit M. Laffitte, a donné à l'esprit humain l'indispensable fixité qui seule pouvait lui permettre de franchir sans encombre une période théologique, dont le caractère principal était de croire possible une variabilité sans limites. »

Lorsque l'Humanité fut en possession d'une somme suffisante de connaissances terrestres, son regard se dirigea sur l'immensité céleste parsemée d'astres scintilants. Dès qu'elle en eut pénétré la grandiose harmonie, son admiration ne connut plus de bornes ; la scène de l'idolâtrie se transporta soudain de la terre aux cieux et se transforma en *Astrolâtrie*.

Cette adoration des fétiches *inaccessibles*, les étoiles, la lune et le soleil, qui remplacent les fétiches accessibles, forme une transition naturelle entre le Fétichisme et le Polythéisme. « Elle constitue, dit M. Laffitte, l'état féticho-astrolâtrique dans lequel persiste la Chine entière, c'est-à-dire 500 millions d'hommes, la moitié de l'espèce humaine ! » Le fétichisme astrolâtrique, ajoute M. Laffitte, par le nombre relativement restreint des objets de son adoration, donne à l'intelligence une idée de mesure, de limitation, d'ensemble, de systématisation que ne comportait point le fétichisme universel.

L'idée morale, bien que plus philosophique et systématique, est toujours la même ; les causes premières et leurs interventions terrestres sont toujours surnaturelles ; mais les divinités, de concrètes qu'elles étaient, deviennent abstraites et font surgir les *Dieux* et le *Sacerdoce*.

De cette conception humaine est née la première inspiration poétique, la légende et la mythologie qui en sont le couronnement. Elles ont atteint leur plus haute portée historique dans l'Iliade d'Homère.

Telle est la deuxième phase de l'Humanité. Elle porte le nom de *Polythéisme*, ou adoration de plusieurs Dieux, vulgairement appelée *Paganisme*. Le Polythéisme revêtit deux formes. Le Polythéisme *intellectuel* et *conservateur*, qui donna lieu aux véritables théocraties, et le Polythéisme *militaire* et *progressif*, dont les nations grecque et romaine ont fourni le type le plus parfait.

Le Polythéisme, qui fut une transition religieuse de l'Humanité, développa et perfectionna la phase primitive du Fétichisme. Il donna naissance à la métaphysique ou à l'*abstraction*, qui marque le passage de l'Astrolâtrie au Polythéisme proprement dit. Les volontés émanent toujours du dehors, mais elles sont plus générales et plus abstraites. C'est la vie agricole qui détermine la courte transition du Fétichisme à l'Astrolâtrie et prépare l'évolution polythéique. Le Polythéisme a créé la contemplation abstraite, à l'aide de l'observation des événements, remplaçant celle des êtres; il susbtitue des hypothèses objectives et invérifiables aux hypothèses subjectives et vérifiables du Fétichisme ; il institue l'esthétique ; la méthode objective et l'induction ; la base de la méditation scientifique ; la préparation sociale et mentale ; l'hérédité des professions ; l'esclavage, qui a pris naissance dans la phase antérieure ; la vie sédentaire ; le régime militaire ; la conquête ; la caste sacerdotale et la théocratie. La logique humaine perfectionnée par les images a consolidé la famille et rendu universelle la prépondérance du sacerdoce, qui a fondé les religions nationales. Le Polythéisme développe la numération et l'arithmétique abstraite, la découverte des principales quadratures, l'astronomie numérique qui détermine les périodes de mouvement des principaux astres, l'invention de l'écriture hiéroglyphique et phonétique, la systématisation de la langue, sous une forme régulière et constante ; les premières industries surgissent et les principales inventions prennent naissance ; la morale, d'abord toute personnelle, ne concernant que l'alimentation et le vêtement, s'épure, et l'essor de sentiments plus élevés pousse à conserver les vieillards sacrifiés jusqu'alors. Les volontés fictives devenues plus dépendantes et plus humaines, régies par un destin absolu, transforment la religion spontanée en religion inspirée, etc.

Le Polythéisme, si fort ancré qu'il fût au sein des sociétés antiques, n'en a pas moins subi l'ébranlement de la libre pensée. C'est avec Moïse en Égypte, c'est avec Bouddha dans l'Inde, c'est avec le Christ en Judée, s'efforçant concrètement de ramener le monothéisme oriental au monothéisme occidental; c'est enfin avec Saint-Paul, le vrai fondateur du Catholicisme.

Tout le cortége des dieux du Polythéisme est à jamais exclu du domaine intellectuel, moral et social. Ici débute cette sublime épopée du Christianisme, si tristement terminée au XIXe siècle par *l'infaillibilité papiste*.

L'Humanité vogue à pleines voiles dans le Christianisme. C'est l'ère de la *révélation*, l'ère charmante du miracle sous toutes ses formes. Les livres sacrés nous viennent du ciel par l'intermédiaire de l'homme, de sauveurs, de demi-dieux.

Tant que la théologie se débat dans l'enfance, les révélations et les miracles qui émanaient de la tête et du cœur eurent un éclat et une puissance dignes d'admiration, dit M. Littré; charme que l'on trouve encore dans les Vedas, dans le Zend-Avesta, dans la Bible et dans Homère.

Cette troisième période est celle du *Monothéisme*, ou de l'adoration d'un seul et unique Dieu; elle constitue la dernière phase de la théologie. Le théologisme est une évolution transitoire et révolutionnaire qui nous conduit du Fétichisme primitif au Positivisme définitif. L'esprit théologique ayant personnifié l'abstraction dans les volontés arbitraires des Dieux, il n'a pu la régler. Seul l'esprit scientifique ou positif peut régler l'abstraction en concevant les phénomènes assujettis à d'invariables lois de succession et de similitude.

L'Humanité est redevable au Monothéisme de très-grandes conceptions engendrées par l'esprit humain. La croyance au destin créée par le Polythéisme a servi de transition au Monothéisme, tandis que, sous l'impulsion croissante de la métaphysique, elle se transforma en *providence* des monothéistes, tendant ainsi à ébaucher l'ordre spirituel et divin. Le Monothéisme a réalisé la subordination absolue du monde à l'homme; l'émancipation de la femme et du prolétariat; la division en entrepreneurs et en travailleurs; l'ébauche scientifique et industrielle; l'affranchissement des communes; le peuple sociétaire combiné et dirigé; le servage, la guerre défensive, la Féodalité, la Chevalerie; l'analyse, la déduction (l'analyse se substituant à la synthèse, fixe le génie de la langue, restreint le champ de l'imagination et agrandit celui du raisonnement par l'essor déductif); logique humaine complétée par les signes; la légitimité divine; la séparation du temporel et du spirituel; l'immortalité objective; le passage d'une religion révélée à une religion de plus en plus humanitaire, etc.

Mais hélas ! cette belle mise en scène du mysticisme, ce colosse du Christianisme qui défiait l'avenir et dont les fondements paraissaient si solidement assis, tout cet échafaudage dut s'écrouler lorsque le moment vint où l'Humanité voulut trouver son *principe en elle-même*, lorsque l'homme chercha enfin *à se connaître lui-même*, suivant l'admirable formule grecque.

Une circonstance curieuse et que nous voyons se répéter fréquemment dans l'histoire du progrès humain, c'est que les précurseurs de cette grande réforme, destinés à porter des coups mortels à la théologie, ont toujours été des théologiens, imbus de l'esprit critique de la métaphysique. Saint Augustin, saint Jérôme, saint Anselme et saint Thomas d'Aquin se présentent les premiers par ordre de date. « Par l'organe de saint Paul, de saint Augustin et de saint Jérôme, dit M. Laffitte, le Catholicisme introduit la succession progressive des phénomènes sociaux, qu'Aristote ignorait. » On prit ensuite le *moi* comme base de la certitude, on lui donna une existence objective, puis on en arriva à faire dépendre la notion même de Dieu d'une conception *subjective*, c'est-à-dire de notre propre entendement. De la sorte, la certitude du *moi* semble faire concurrence à la certitude de Dieu, et l'esprit de l'homme n'émane plus de l'esprit de Dieu. La connaissance de Dieu nous vient de nous-même et non plus de Dieu.

Tel fut pendant des siècles le fondement du débat qui s'agita au sein de l'Église, et provoqua la chute du pouvoir spirituel du Monothéisme, qui ferme l'ère de la théologie.

Cette nouvelle phase de l'évolution intellectuelle de l'Humanité est purement critique et révolutionnaire. L'esprit humain est tellement borné, les préjugés dont nous nous sommes imprégnés dans notre enfance, transmis par les générations et fixés par l'hérédité, sont si profondément enracinés dans notre cœur; les phénomènes s'enchaînent de telle sorte, qu'il aurait été matériellement impossible à l'Humanité de pouvoir passer subitement de l'état théologique à l'état positiviste sans une transition qui eût permis d'émanciper et d'éduquer la pensée. Voilà encore pourquoi l'Humanité n'a pu passer du fétichisme au monothéisme que par l'intermédiaire du polythéisme, précédé à son tour par l'astrolâtrie.

Le vrai caractère du progrès humain est donc ainsi conçu : 1° évolution spontanée, puis systématique; 2° transition spontanée, puis systématique; 3° décomposition spontanée, puis systématique. Ainsi de suite de phase en phase jusqu'à l'achèvement de la construction finale et positive.

Cette nouvelle conception de la pensée humaine, qui succède à la théologie, correspond à la deuxième grande période de son évolution; elle est connue sous le nom de *Métaphysique* ou d'abstraction.

Fidèle à sa nature de période de transition, la métaphysique a créé la *critique* dans l'esprit, et le *doute* dans le cœur, ce qui est immense. La métaphysique est une méthode critique, et, conséquemment, elle n'aurait jamais dû aspirer à devenir une méthode organique. Sa mission fut de détruire et non pas de construire. La métaphysique, comme dit Auguste Comte, n'est qu'un pur dissolvant de la théologie, et n'a jamais pu organiser son domaine. Aujourd'hui la métaphysique est archi-anarchique, comme toutes les évolutions de l'esprit humain qui ont fait leur temps; mais, par bonheur, elle expire. On peut dire de la métaphysique que, livrée à l'incapacité des purs écrivains, qui n'aspirent qu'à la *pédantocratie* rêvée par leurs maîtres grecs, elle est, comme le disait Helvétius de la scolastique du moyen âge : « un déluge de mots versés sur un désert d'idées. »

La fantasmagorie métaphysicienne, et la théologie, sont rentrées dans les ténèbres, lorsque le Positivisme, obéissant à la loi inexorable du progrès humain, est venu à son heure inonder des flots de sa lumière la pensée humaine.

Où rencontrer cette *Certitude* qui, de toute part, nous échappe, lorsque nous croyons la saisir? Elle n'est plus, ni dans les fétiches, ni dans les divinités du paganisme, ni dans le Dieu des chrétiens, ni dans le moi des métaphysiciens, ni dans l'école de Locke, qui avait cru la trouver dans les phénomènes intellectuels et moraux.

Libres penseurs, cessez votre courroux; théologiens et métaphysiciens, votre règne est fini... Place à la *Philosophie positive!* L'Humanité avance à grands pas.

CHAPITRE IV

L'ÉVOLUTION POSITIVE DE L'HUMANITÉ.

> « L'Amour pour principe,
> L'Ordre pour base,
> Le Progrès pour but. »
> A. COMTE.

Dans ce coup d'œil rétrospectif que nous venons de jeter sur l'Humanité naissante, nous nous sommes arrêtés au moment où nous entrevoyons, écrit sur son front vénérable la — *Certitude* — vainement cherchée pendant tant de siècles.

Parallèlement aux conceptions subjectives, fétichistes, théologiques et métaphysiques, d'autres conceptions objectives et scientifiques se sont fait constamment jour, dès le berceau de l'Humanité, à travers ce chaos d'idées. Ces conceptions sont seules *positives,* parce qu'elles revêtent un caractère de réalité, d'utilité, de certitude, de précision, de relation, d'organique et même de sympathie. Le Positivisme qui est inhérent à l'homme et fait partie essentielle du domaine de sa raison, a procédé *à posteriori* et par déduction, et non pas *à priori* et par induction. Sa logique positive est : *induire pour déduire, afin de construire.* Il ne cherchait pas l'impossible, le pourquoi, la cause intime, absolue, première et finale, mais le possible, le comment, la cause relative et secondaire, en un mot la *Loi.* La recherche des causes intimes et finales, pour cette école, eût été de la folie. L'emploi des hypothèses vérifiables devenait nécessairement un simple artifice logique pour faciliter la découverte de la loi des phénomènes.

Cette école fit toutes ses découvertes à l'aide des quatre moyens logiques d'investigation dont l'esprit humain peut disposer : *l'observation, l'expérimentation,* la *compa-*

raison et la *filiation historique*. Le Positivisme, il est vrai, se développa très-lentement, marchant d'un pas ferme, mais sûr, de découvertes en découvertes. Chacune de ses conquêtes fondée sur la conquête antérieure, sur une série de lois, porte un coup mortel aux conceptions purement subjectives. De cette libre école sortirent tous ces esprits forts, tous ces libres penseurs qui ébranlèrent la société à chaque impulsion de l'Humanité. Ils furent victimes de leurs conceptions; ils furent traduits devant l'Inquisition, livrés au bras séculier; — mais qu'importe, — s'ils avaient accompli leur tâche, si la graine échappée de leurs mains, éparpillée de siècle en siècle, devait germer et fructifier dans l'avenir. *Fais ce que dois, advienne que pourra,* exclamaient, pleins d'ardeur et de dévouement austère, ces géants de la pensée, ces bienfaiteurs de l'Humanité.

En effet, la *vigne de l'Humanité,* arrosée du sang de ses martyrs, est arrivée à maturité; et déjà, la vendange est commencée.

Grâce à sa méthode d'observation, d'expérimentation, de comparaison et de filiation, le Positivisme a découvert des faits positifs qui constituent les phénomènes de la natur . Parmi ces faits, les uns sont abstraits ou généraux, les autres sont concrets ou spéciaux.

Le Positivisme groupe les phénomènes abstraits d'une même dépendance en autant de sciences abstraites. Il a vu que les phénomènes et les sciences s'enchaînent et se développent, d'après leur complication et leur spécialité croissante, ou leur simplicité et leur généralité décroissante.

Ce groupement se vérifie de la manière suivante. Partout les corps affectent notre esprit et sont appréciés par nos sens en vertu du *nombre*, de *l'étendue* et du *mouvement*. De là, les trois attributs de la matière qui constituent l'étude de l'*Arithmétique*, de la *Géométrie* et de la *Mécanique*, dont l'ensemble embrasse la MATHÉMATIQUE, la première de toutes les sciences, c'est-à-dire le calcul et la déduction qui sont le fondement de la Morale.

C'est surtout dans l'espace incommensurable que la mathématique a pu se développer. Cette étude constitue l'ASTRONOMIE, fille de l'*Astrologie* et petite-fille de l'*Astrolâtrie*. Cette science d'observation, la seconde dans l'ordre hiérarchique, est la plus simple de toutes, parce que ses phénomènes sont uniquement régis par la loi de la gravitation.

L'étude des propriétés de la matière, considérée en masse, embrasse les phénomènes de la pression, de la chaleur, de la lumière, du son, de l'électricité, du magnétisme; elle est du domaine de la PHYSIQUE, fille et petite-fille des différentes manifestations de la *Magie* et des *Sciences occultes*.

Aux propriétés physiques viennent s'ajouter de nouvelles propriétés caractérisant la décomposition et recomposition moléculaire, en modifiant la disposition atomique, qui est stable sous le rapport physique. Cette troisième science est la CHIMIE, fille de l'*Alchimie* et petite-fille de l'*Art sacré*, cultivé par les prêtres égyptiens de Thèbes et de Memphis. Ici les phénomènes se spécialisent et se compliquent tellement que la propriété chimique requiert pour se produire la combinaison de deux matières ou éléments différents, formant ce que l'on appelle un couple ou un accouplement *binaire*, dualisme que ne possède pas la simple propriété physique de la matière.

Enfin les phénomènes de la matière se compliquent à tel point, qu'ils acquièrent la nouvelle propriété de la *Vie*. Les phénomènes vitaux sont si essentiellement spéciaux, qu'un très-petit nombre d'éléments chimiques ont la faculté de constituer des êtres vivants. Ce sont le carbone, l'oxygène, l'hydrogène et l'azote qui constituent l'essence de la trame animée. Cette quatrième science est connue sous le nom de BIOLOGIE, fille de la *Panacée universelle* et petite-fille de l'*Art des aruspices*, appliquée aux études médicales. Elle embrasse à la fois l'étude des trois grandes facultés du cerveau, l'*affection*, l'*intelligence* et l'*activité* qui sont les attributs de l'âme humaine.

L'étude des facultés célébrales de l'homme individuel nous conduit naturellement à l'étude des facultés collectives de l'Humanité. Les faits historiques étant soumis, comme tous les autres faits, à des lois fixes, c'est évidemment dans l'histoire que nous devons rechercher l'art de gouverner les hommes, de même que nous recherchons les propriétés physiques, chimiques, vitales et intellectuelles de la matière, dans la matière même où elles s'engendrent et se développent. Cette sixième science, fille du *Socialisme* et petite fille de la *Théocratie*, se nomme SOCIOCRATIE. La complication de ses phénomènes acquiert de grandes proportions, car la Sociocratie embrasse à la fois le domaine entier de cinq sciences qui lui servent de piédestal. Cette même complication s'étend également dans le temps et pèse de tout son poids sur l'Humanité. Le poids du passé se fait en effet tellement sentir que nous ne sommes presque plus libres d'agir à notre guise et que nous sommes au contraire de plus en plus gouvernés par les morts. L'accumulation des faits historiques, des découvertes scientifiques, de l'intelligence, de la moralité, de la richesse etc., devient une accumulation « sociale dans sa source et dans sa destination, tout en ayant une appropriation personnelle. » Ni les sentiments, ni les croyances, ni la propriété ne sont plus libres. L'homme isolé et individuel n'est qu'une abstraction aussi vicieuse en médecine qu'en politique, comme dit Comte. Il n'y a donc, en fait, de réel que l'Humanité. En dehors de l'existence sociale, l'homme n'est plus qu'une machine inutile, car c'est d'après la pensée humaine que l'homme pense et agit.

Voilà comment *entre l'homme et le monde,* il faut l'*Humanité ;* comment encore le cerveau devient *le double placenta permanent entre l'homme et l'Humanité,* double, c'est-à-dire envers le passé et l'avenir, d'après la grandiose conception d'Auguste Comte.

Nous connaissons abstraitement et concrètement notre situation cosmologique, notre nature biologique et notre évolution sociologique. Que nous reste-t-il à faire maintenant? A constituer la MORALE, la septième et dernière science abstraite, qui vient couronner la philosophie positive.

Notre société marche artificiellement en vertu de la vitesse acquise sous l'impulsion des générations antérieures, dit M. Laffitte; elle vit sur le capital moral et intellectuel que nous ont légué nos ancêtres, sous forme de préjugés transmis, d'habitudes contractées et fixées par l'hérédité. Mais ces préjugés ont été battus en brèche, ces habitudes se sont émoussées, la désorganisation sociale s'en est suivie et prend des proportions colossales.

La mission du Positivisme est de faire surgir une *Morale démontrable,* qui puisse régler l'ensemble des relations humaines, en substituant, selon la belle expression de Comte, « la paisible élaboration des devoirs à l'orageuse discussion des droits. » Or, dans les époques orageuses comme la nôtre, la question n'est pas, selon la remarque de Tacite, de faire son devoir, mais de savoir où est le devoir.

La connaissance effective des choses étant donnée, nous arrivons tout naturellement à la Morale positive. Cette Morale repose, d'une part, sur la morale spontanée, tenant à l'existence naturelle des bons sentiments dans la nature humaine; d'autre part, sur les règles empiriques établies par le *bon sens universel*. Sa systématisation définitive émane de l'élaboration dogmatique, qui s'étend de la Mathématique à la Sociologie.

Le Positivisme a donc établi, d'une manière scientifique, l'existence d'une moralité *spontanée* dans l'homme. Si l'homme est naturellement égoïste, il est aussi naturellement altruiste ou bénévolent. C'est la plus grande découverte qui ait été faite dans les temps modernes, comme dit très-bien M. Laffitte.

La Morale a pour but de découvrir les lois de la nature humaine, afin d'établir les règles et les procédés propres à la modifier, à la perfectionner et à la diriger. En partant de cette définition, nous divisons la morale positive en deux grandes séries :

La Morale théorique ou *connaissance* de la nature humaine;

La Morale pratique ou *perfectionnement* de la nature humaine [1].

La Morale positive vient naturellement couronner la hiérarchie encyclopédique du positivisme. Le plan de la morale positiviste une fois dressé, on comprend comment toutes les sciences sont des créations de l'Humanité, comment elles se rapportent à l'Humanité, et comment encore nos conceptions ne sont que des produits naturels de notre évolution individuelle et collective. Alors, on ne peut plus concevoir qu'une science, la *Science de l'Humanité*, qui devient à la fois le principe et le but de toutes recherches.

Auguste Comte définit l'Humanité l'en-

---

1. P. Laffitte, Revue de la *Politique positive*, du D­r Sémérie, n° 19, p. 300.

semble continu des êtres convergents. M. Longchampt ajoute : « L'Humanité, c'est la mémoire des morts inspirant et guidant les vivants ; c'est l'ensemble de toutes les hautes pensées, de tous les nobles sentiments, de tous les grands efforts, rapporté à un seul et même Être, dont cet ensemble forme l'âme, et dont les vivants constituent le vaste corps [1]. »

La science positive nous ayant conduits à la Philosophie positive, celle-ci nous conduit à la Religion positive. La Religion positive, c'est la religion de l'Humanité, c'est le règlement et le ralliement de l'existence individuelle et collective qui instituent l'*unité humaine*. Le culte systématique de l'Humanité, dit Auguste Comte, embrasse la phase concrète : la célébration du passé ; — la phase abstraite : la célébration de l'avenir. La commémoration du passé est destinée à développer l'esprit historique et le sentiment de continuité. La consécration de l'avenir

---

1. *Essai sur la Prière*, Paris, 2ᵉ édition, 1853, p. 4.

développe les mœurs positives, en caractérisant l'existence finale par la solennelle idéalisation du Grand-Être, dont il apprécie les liens fondamentaux, les états préparatoires et les fonctions normales.

Nous voilà enfin arrivé au terme de notre pérégrination, de notre élaboration religieuse, scientifique et sociale. Nous avons suivi l'Humanité pas à pas, à travers ses luttes, ses chutes et ses conquêtes. Nous avons vu nos aïeux vivant dans l'abrutissement le plus dégradant, disputant aux bêtes fauves l'existence et le partage du monde.

Combien de temps a-t-il fallu pour accomplir cette évolution ? Des centaines de milliers d'années se sont écoulées depuis l'origine de l'homme, et l'existence du genre humain remonte à plus de vingt mille ans. Mais qu'est cette fraction dans le temps, mise en regard de la lente métamorphose des espèces, qui s'évalue en millions de milliers d'années, tandis que l'évolution paléontologique peut s'évaluer à des milliards d'années [1]. Qui osera fixer la date précise de la création de l'Univers? Toutefois, en présence de ces chiffres écrasants qui s'offrent à nous comme une attestation approximative de l'antiquité de notre globe, les faiseurs de calendriers ne s'arrêtent pas pour si peu et continuent de pousser la plaisanterie jusqu'à fixer encore la date de la création du monde d'après Calvisius, à 5822 ans avant notre ère !

Aujourd'hui que sommes-nous?

Malgré l'état de barbarie dans lequel *nous sommes* encore plongés, relativement à la civilisation de l'avenir; malgré les mille tortures que l'autel et le trône ont pu imaginer pour étouffer la pensée humaine; malgré le feu, le fer et le sang, aujourd'hui un horizon grandiose s'entr'ouvre aux regards de l'Humanité; aujourd'hui, qu'elle peut pénétrer par l'expérience dans le passé et plonger par la prévision dans l'avenir.

---

[1]. E. Haeckel, *Histoire de la création*, etc. Paris, 1874, p. 590 et 623.

Prévoir c'est savoir, la prévoyance est en toute chose la source de l'action, a dit Auguste Comte.

A cette heure l'enfant naît libre, le vieillard meurt libre; à cette heure l'esprit humain est tellement avide de conquêtes philanthropiques, qu'il aspire à la conquête du monde; il porte son intelligence et son activité dans tous les coins et recoins de la terre; son affection primitivement personnelle se déverse à grands flots sur les conceptions sociales, sur l'Humanité tout entière. L'idée de nationalité elle-même, malgré l'étroitesse de son égoïsme, s'incline religieusement devant la large pensée altruiste du Cosmopolitisme.

C'est au concours de toutes les sciences réunies, inconnues des masses, délaissées par les rois, maudites et dénoncées par les théologiens, excommuniées par les papes, raillées par les métaphysiciens; c'est à la vapeur, aux chemins de fer, à la télégraphie électrique que l'Humanité est redevable de cette glorieuse conquête de notre XIX° siècle, fruit de la coopération des siècles antérieurs.

C'est ainsi que, grâce au développement intellectuel, l'homme devient de plus en plus affectueux, de plus en plus moral, de plus en plus religieux. L'Humanité naissante nous ouvre ses bras d'un pôle à l'autre pôle du monde par l'intermédiaire de la science.

Le couronnement de cette évolution gigantesque de nos conceptions scientifiques, œuvre unique de la faible accumulation de l'intelligence humaine pendant tant de siècles, n'est pas hélas! encore achevée. Ce couronnement ne s'inaugurera qu'à l'avénement pratique de la *Religion de l'Humanité*.

Terminons cet historique de notre passé par la belle pensée que M. Littré émettait dans le *National* du 17 février 1851, lorsqu'il n'avait pas encore abjuré la Politique positive et la Religion de l'Humanité.

« *Humanité, règne, voici ton âge*, a dit le poëte en son inspiration prophétique. Oui, c'est un âge nouveau qui commence; et, pour parler le langage d'un autre poëte, dont l'inspiration prophétique ne fut pas moindre à l'aurore d'une révolution :

Magnus ab integro sæclorum nascitur ordo.

« L'Humanité est un idéal réel qu'il faut connaître (éducation), aimer (religion), embellir (beaux-arts), enrichir (industrie), et qui, de la sorte, tient toute notre existence, individuelle, domestique et sociale, sous sa direction suprême [1]. »

[1]. *Conservation, Révolution et Positivisme.* Paris, 1852, p. 226.

CHAPITRE V

LA RÉVOLUTION DE LA PHILOSOPHIE POSITIVE.

> « Les révolutions sociales et scientifiques émanent de l'insuffisante concordance entre les faits et les principes. »
> A. COMTE.

Le positivisme, expression de la maturité de l'esprit humain, repose entièrement sur la science, sur les lois de la Nature, toujours démontrables et vérifiables.

Le positivisme construit la méthode subjective relative, d'après le rapport réciproque entre l'homme et le monde, lequel rapport subordonne l'homme au monde, et remplace la subordination absolue du monde à l'homme, imaginée par le monothéisme. En substituant le relatif à l'absolu, d'après la substitution de la *loi* à la cause, la subjectivité primitive, spontanée et absolue, basée sur les causes, devient définitive, systématique et relative.

A l'aide de la science réelle, le Positivisme institue la Philosophie positive, et, à l'aide de cette philosophie, il institue la Religion positive ou vraiment universelle.

Le Positivisme substitue le relatif à l'absolu ;

La loi, c'est-à-dire les relations constantes de succession et de similitude, à la cause intime et finale ;

Le pourquoi au comment, dans les conceptions théoriques ; mais quant aux moyens de diriger notre activité, il fait prévaloir la considération du but, l'effet pratique émanant d'une volonté intelligente ;

Les préjugés, les utopies et les hypothèses scientifiques et vérifiables, aux préjugés, aux utopies et aux hypothèses fictives et invérifiables ;

L'instinct industriel à l'instinct guerrier, en faisant prévaloir l'amour universel d'a-

près le règlement de l'activité pacifique; .
. . . .
. . . Dès lors, la paix succédant à la guerre;

La continuité et la solidarité, à l'égalité qui n'est qu'une pure fiction; la continuité, consistant dans l'influence croissante des générations les unes sur les autres, deviendra la solidarité dans le temps;

La soumission, qui est la base du perfectionnement, à la croyance que l'insurrection est le plus saint des devoirs; — se perfectionner devient l'assujettissement à un devoir accepté et le devoir une fonction accomplie par un organe libre;

La liberté inhérente et subordonnée à l'ordre matériel, vital, social et humain, consistant à faire prévaloir les bons penchants sur les mauvais, à l'individualisme absolu, de la liberté morale;

La sociocratie à la théocratie et au socialisme;

La théorie positive des forces sociales déterminées, à la théorie démocratique de la spontanéité souveraine de la nation; — la force sociale étant le concours d'un groupe de personnes vers un même but, *résumé par un individu,* concours indirect, s'il personnifie le passé; direct, s'il représente le présent;

La République légitime de droit historique, scientifique et humain à la République de droit divin, primordial et populaire;

Les lois naturelles, expression des rapports constants qui sont dans les choses, que l'intelligence découvre et n'invente pas, aux lois métaphysico-révolutionnaires consistant dans l'expression de la volonté générale, ayant pour dogme qu'elle ne peut errer ;

Le pouvoir intellectuo-moral au pouvoir spirituo-divin ;

La suprématie morale à la suprématie temporelle et intellectuelle ;

La légitimité humaine, d'après la sanction des forces légitimes, et la réprobation des forces illégitimes, à la légitimité divine ;

Le devoir humain chez tous, envers tous, d'après des fonctions et d'après le principe que nul n'a le droit que de faire son devoir, au droit divin et au droit humain; — car, selon la profonde sentence morale de Clotilde de Vaux, « il faut des devoirs pour faire des sentiments; » en subordonnant l'essor des bons sentiments à la règle des principes de conduite admis, l'obligation morale du devoir devient *sacrée;*

La conservation et le règlement social de la richesse, au partage communiste;

L'altruisme à l'égoïsme;

La subordination de la personnalité à la sociabilité en vue de l'Humanité, sans sacrifier l'indépendance au concours;

La discipline universelle d'après la prépondérance continue du cœur sur l'esprit, au désordre spirituel et matériel, anarchique et rétrograde, ou à l'essor empirique des spécialités dispersives, qui repoussent aveuglément toute règle philosophique;

Le fatalisme caractérisant l'immobilité relative de l'ordre universel, au fatalisme absolu ou casualité directe du fétichisme, au destin absolu ou casualité indirecte du polythéisme et à l'optimisme providentiel du monothéisme ;

L'ensemble des lois connues, au destin, et l'ensemble des lois inconnues, au hasard, de telle manière que le hasard cesse d'indiquer l'empire du caprice ; — le destin et le hasard représentant ainsi la notion d'*ordre* résultant des lois réelles ;

L'immutabilité des conditions fondamentales et la modificabilité des dispositions secondaires de l'ordre, caractérisant la constance dans la variété, l'attribut de la loi, afin de constituer dans l'ordre naturel une fatalité modifiable, base de l'ordre artificiel, à la fatale immutabilité absolue de l'ordre ;

La destinée émanée de la résignation et de l'activité, d'après la fatalité modifiable de l'ordre, à la destinée divine ou aveugle, pour qu'une judicieuse soumission aux lois puisse prévenir le vague de l'instabilité de nos desseins en nous permettant d'instituer une sage intervention ;

La foi (dont le but est de concevoir l'ordre universel qui domine l'existence humaine, pour déterminer notre relation générale envers lui) scientifique, démontrable et vérifiable, reposant sur la double harmonie entre l'objet et le sujet, et basée sur la connaissance des lois affectives d'après l'instruction encyclopédique, à la foi fictive ou hypocrite;

L'idéalisation et la vénération abstraite des bienfaiteurs de l'Humanité, à l'adoration égoïste des saints;

Les anges gardiens et humains aux anges divins; — ayant toujours présente dans notre esprit, par un effort mental, l'image élevée et pure de l'Être le plus respecté et le plus chéri; agissant constamment comme si nous avions à craindre son blâme ou à mériter son approbation;

La prière positiviste, dont le but développe le dévouement à l'Humanité et glorifie l'ordre universel sur lequel repose notre existence, au nom de son efficacité morale, à la prière théologique, dont le dévouement constitue le moyen;

Le dévouement à l'Humanité, à la dévotion divine ;

Les sacrements sociaux aux sacrements divins ; — de la naissance jusqu'au delà de la mort, neuf sacrements, dont celui de la *Destination* est propre au positivisme, viennent périodiquement rappeler à l'homme qu'il est un serviteur de l'Humanité ;

Le ménagement systématique au jésuitisme et à l'hypocrisie, permettant de développer des sympathies religieuses qu'on s'efforce aujourd'hui de dissimuler, d'après la juste crainte de seconder une disposition rétrograde ;

L'âme réelle désignant l'ensemble des fonctions actives, intellectuelles et morales, qui s'élaborent dans les cellules cérébrales, à l'âme surnaturelle, fictive et factice ;

L'immortalité subjective et humaine, à la résurrection divine des corps et à l'immortalité de l'âme ;

L'Humanité à Dieu, sans oublier jamais ses services provisoires ; — en rapportant tout à l'Humanité, l'unité est plus complète et

plus stable qu'en rattachant tout à Dieu;
Diis extinctis, Deoque, successit Humanitas;

La Religion positive, démontrée et humaine, consistant à *régler* chaque être et à *rallier* toutes les individualités, en vue de l'unité harmonique, physique et morale, en *liant* le dedans par l'amour et en le *reliant* au dehors par la loi ou la foi démontrée, à la religion surnaturelle, qui prend le moyen pour le but;

Le dogme scientifique de la religion positive ou universelle, au dogme fictif de la religion surnaturelle, consistant dans l'existence de l'ordre immutable auquel sont soumis les événements humains et ceux du monde, ordre à la fois subjectif et objectif, c'est-à-dire concernant l'objet contemplé et le sujet contemplateur, et d'où émane : 1° l'unité spéculative ou scientifique du dogme, consistant à lier les lois morales aux lois physiques; 2° le *culte* ou la culture du cœur et de la vie affective; 3° le *régime*, ou le développement de nos actes. En d'autres termes le dogme, le culte et le régime religieux consistent à connaître, aimer et servir l'Humanité.

Le Positivisme base le mérite, la vertu et la liberté dans l'*effort sur soi-même en faveur des autres,* suivant la définition du moraliste Duclos, de manière qu'en *étant lié, l'homme est libre,* d'après la fameuse sentence attribuée à saint Paul, et *heureux,* ajoute Auguste Comte. Chérir l'assujettissement est le principal caractère du régime final de la religion démontrée, d'après la soumission de la raison à la fois scientifique et démontrable. L'esprit devient ainsi le ministre du cœur, mais non pas son esclave. « Agir par affection, et penser pour agir », dit Comte, caractérise l'ensemble de notre existence.

Le Positivisme remplace le précepte antique « Traiter autrui comme on voudrait en être traité » et le précepte catholique « Aimer son prochain comme soi-même », également personnels et égoïstes, par la formule définitive de la morale humaine :

Vivre pour autrui, afin qu'un être spontanément enclin à vivre pour soi et en soi revive en autrui par autrui. En ne consacrant que les penchants bienveillants, « vivre pour autrui », dont la maxime prescrit le dévouement des forts aux faibles et le respect des faibles envers les forts, résume la morale humaine dans une même formule : la loi du devoir et la loi du bonheur.

Le Positivisme proclame hautement de *vivre au grand jour;* car cette maxime de la Morale positive doit devenir la règle habituelle d'une conduite destinée à mériter l'estime publique.

Le Positivisme, à l'exemple d'Aristote et des Pères de l'Église, assigne pour but à la vie le *Bonheur*. La discipline sociale, ainsi que les conditions mêmes du bonheur individuel, réclament sa subordination au bonheur collectif. Dans la Morale positive, la réalisation du bonheur devient le principal problème de la science humaine. Le bonheur n'étant que l'exercice réglé de toutes nos facultés, un pareil état exige l'harmonie cérébrale et l'équilibre viscéral, c'est-à-dire, la santé de l'âme et celle du corps. Le Positivisme démontre ainsi que le bonheur privé et public résulte du concours de l'*Amour* et de la *Foi*.

Le Positivisme fait surgir le règne de l'Humanité et le sacerdoce spirituel, — les ministres de Dieu devenant les ministres responsables de l'Humanité.

Le Positivisme consacre l'apothéose du passé et prépare l'avenir, d'après le fait capital que les morts dominent de plus en plus les vivants. Il met une fin à l'insurrection des vivants contre les morts.

A l'insurrection anti-historique du présent contre le passé, cause de l'aveuglement sur l'avenir, le Positivisme substitue la subordination du présent au passé, en vue de la prévision de l'avenir. L'attachement à nos ancêtres nous relie au passé, nous attache au présent et nous rattache à l'avenir.

Le mystère catholique de la Vierge-Mère devient sous le Positivisme le trait d'union entre le passé et l'avenir, revenant aux grandes traditions chevaleresques, sans jamais blesser les lois de la réalité scientifique.

La devise sacrée du Positivisme est, l'*Amour pour principe*, l'*Ordre pour base*, le *Progrès pour but*. L'amour, source directe du culte, concerne l'avenir; l'ordre, domaine mental du dogme, procède du passé; le progrès, but pratique du régime, se rapporte au présent.

Le Positivisme démontre qu'en subordonnant la théorie du mouvement à celle de l'existence, le *progrès* devient le simple *développement de l'ordre;* ce qui équivaut en géométrie à réduire les questions de mouvement aux problèmes d'équilibre. Cette formule, fondée sur un libre concours de volontés indépendantes, consacre la prépondérance continue du cœur sur l'esprit, comme l'unique base de notre véritable unité.

Pour le Positivisme, l'histoire devient la *Science sacrée* qui nous révèle le développement de l'Humanité, dans le temps et dans l'espace, sous ses trois forces ou facultés, physique, intellectuelle et morale. Pour lui ce qu'on appelle vaguement la *force des choses*, n'est autre que la succession des événements d'après les lois immutables de l'histoire, vis-à-vis desquelles la volonté humaine ne peut modifier que l'intensité ou la vitesse, sans jamais pouvoir aspirer à en changer le cours. La civilisation est ainsi assujettie à une marche progressive dont tous les pas sont nettement enchaînés les uns aux autres.

Le Positivisme fait reposer la constitution de la République française sur la reconnaissance des lois naturelles, dominant la volonté générale; sur la séparation du pouvoir en spirituel, scientifique ou théorique, et en temporel, social ou pratique; sur la division du pouvoir temporel en central et local, — gouvernement des grandes villes sous la présidence de Paris; — ce qui revient à établir le régime des lois naturelles reconnu et appliqué par des volontés libres et éclairées.

En un mot, le positivisme institue l'ordre

et l'unité universels, c'est-à-dire les vraies conditions vitales, intellectuelles, sociales et morales de l'Humanité.

Voilà comment la synthèse positive régénère l'Humanité en disciplinant toutes les forces humaines. Elle fait prévaloir la continuité sur la solidarité, elle représente le progrès comme le développement de l'ordre, elle systématise le culte privé et public des ancêtres. D'après sa foi morale, elle identifie le bonheur et le devoir, en plaçant l'un et l'autre dans l'exercice continu des instincts sympathiques, d'après l'essor annexe de la vie privée et de la vie publique. Son immortalité subjective et humaine fondée sur l'altruisme, surpasse en bien-être moral une résurrection objective où prévaut l'égoïsme. Telle est la foi positiviste qui ramène toute l'évolution humaine à la loi, formulée par Auguste Comte : *L'homme devient de plus en plus religieux*, dans le véritable sens de la morale religieuse.

Est-il possible d'imaginer une morale plus pure et une science plus réelle !

Nous démontrerons aux âmes vraiment pieuses que le Christianisme concret du Christ et le Catholicisme abstrait de saint Paul, ne sont au fond qu'une ébauche avortée, par la fatalité des circonstances intellectuelles et morales, de l'*Humanitarisme* que la Philosophie positive s'efforce d'instituer depuis plus de trente siècles ; à partir surtout du début spontané de l'élaboration grecque, jusqu'à l'avénement théorique de l'Humanité, systématisé par Auguste Comte. Différentes ébauches ont été tentées par les théocraties Chaldéenne, Égyptienne et Juive ; de leur côté, Numa, Scipion l'Africain, César et Trajan ont eu des pressentiments vagues des conceptions humanitaires. « Historiquement considérée, dit Auguste Comte, la foi du moyen âge fournit le premier type d'une digne soumission, qui, semblant dirigée vers Dieu, se trouvait réellement appliquée à l'Humanité, mieux que sous la théocratie initiale. »

Nous démontrons encore comment la contemplation abstraite du polythéisme spontané et l'essor systématique du polythéisme astrolâtrique, ont conduit l'Humanité au monothéisme intellectuel d'Aristote et au monothéisme social de saint Paul, d'où est résultée l'organisation fortuite du Catholicisme ou d'une religion aspirant à être universelle. En combinant une volonté suprême avec des lois immuables, Aristote anéantissait le polythéisme et du même coup il ébauchait le monothéisme.

Quant aux déclamations jésuitiques, de cette gangrène d'hypocrites, qui ne croient ni à Dieu ni au diable, comme le démontre trop l'immoralité de leur vie privée et publique, le mépris des honnêtes gens leur est déjà acquis.

Si, après l'irrévocable décadence de la foi théologique, ces francs parasites s'opposent à l'avénement de la foi positive, « c'est afin de prolonger un interrègne religieux qui favorise leur indignité et leur incapacité, » comme l'observe fort bien Auguste Comte.

DEUXIÈME PARTIE

CHAPITRE PREMIER

LE FIN MOT DU POSITIVISME

> « Les lois logiques qui gouvernent le monde intellectuel sont communes à tous les temps, à tous les lieux et à tous les sujets. »
> A. COMTE.

Il est certain que chaque individualité, chaque philosophe, chaque savant a le droit de nous dire : « Quels sont vos titres pour vous arroger le *droit* de vous croire infaillible en fait de positivisme ? » Pourquoi votre philosophie positive serait-elle le *nec plus ultra* des philosophies ? » « Pourquoi serait-elle le dernier mot de la pensée humaine, le *sine qua non*, sans lequel nous serions tous perdus ? » C'est parfaitement juste, et nous acceptons de grand cœur cette interpellation, parce qu'elle va nous fournir l'occasion de vous dire le *fin mot* de la Philosophie positive, d'après la grande doctrine d'Auguste Comte.

Encore une fois, Auguste Comte n'a absolument rien inventé. Cependant, il a construit la seule et unique philosophie qui ait existé jusqu'à ce jour, et qui puisse exister dans l'avenir. Il y a plus, c'est en 1826 que Comte a posé les bases de la philosophie positive ; eh bien, seulement vingt-six ans plus tôt et Auguste Comte n'aurait pu rien faire. Son immense génie d'ensemble et de classification aurait misérablement échoué contre la fatalité d'une impuissante philosophie émanée d'une incomplète élaboration scientifique.

Comment Auguste Comte aurait-il pu construire une philosophie qui institue les bases de l'ordre et de l'unité humaine sans avoir pour auxiliaire la connaissance positive de la science de la vie et de la science de l'homme, qui devait le conduire à la science de la collectivité humaine ou à la constitution de la sociologie et de la Religion universelle de l'Humanité ?

Dans cette première période de notre siècle, Cabanis, après Descartes (1796-1802), avait revendiqué l'étude des phénomènes moraux comme tombant dans le domaine de la physiologie. Bichat (1798-1802), dans son exposition analytique des éléments, des tissus et des systèmes, apportait ses principes fondamentaux d'une complète systématisation, en fondant l'anatomie générale, dont la théorie cellulaire fut ensuite établie par Schleiden et Schwann. Gall (1810-18) complétait Cabanis en établissant la théorie physiologique des fonctions cérébrales. Broussais (1816-24), partant de l'anatomie générale fondée par Bichat, instituait la pathologie positive, en rattachant les perturbations vitales à la lésion des organes, ou plutôt des tissus. Il subordonnait la pathologie à la biologie, en subordonnant l'état pathologique à l'état physiologique ou de santé, d'après la conception de cet aphorisme : « Les phénomènes de la maladie coïncident essentiellement avec ceux de la santé, dont ils ne diffèrent jamais, de l'ordre normal, que par leur *degré d'intensité.* » Enfin Blainville (1829-1832) construisait la physiologie des systèmes et instituait la physiologie générale, pendant que Magendie créait la physiologie expérimentale. C'est donc à partir de Blainville que l'évolution biologique acquiert un véritable degré de positivité. Cet éminent penseur tenta successivement de coordonner les conceptions sur la structure, l'existence et la classification. Mais il échoua dans chacune de ces tentatives pour avoir méconnu le point de vue social et humainement religieux qui doit présider à cette grande systématisation. De même, ce que ni Descartes ni Cabanis n'avaient pu atteindre, Gall l'obtint incomplétement. Les conceptions de dynamique sociale, qui furent interdites à Aristote, étaient alors un peu trop prématurées et ne rentraient point du reste dans l'esprit de Descartes, qui, après avoir poussé sa construction objective jusqu'à la métaphysique, base de la métaphysique moderne, l'étendit jusqu'à la biologie, où il fut également impuissant. Il était réservé à Hobbes, de huit ans moins âgé que Descartes et postérieur à Grotius, son vague précurseur (1583-1645), d'ébaucher la science sociale sur des bases philosophiques. Cabanis avait confondu l'étude de l'homme individuel et celle de l'espèce humaine, envisagée dans son développement. Cette confusion fut maintenue par Gall et Spurzheim, et Broussais ne tenta point de la faire disparaître, bien qu'il semble en avoir senti le vice. Elle subsisterait encore, si Auguste Comte ne lui avait imprimé son véritable caractère, et elle subsiste toujours en dehors de la vraie école biologique représentée par les docteurs Audiffrent et Robinet. Ainsi que le dit Comte, la « biologie est retombée, comme au temps de Stahl et de Boerhaave, dans une déplorable oscillation entre un matérialisme corrosif et un impuissant spiritualisme. Sa partie transcendante, préparée par Cabanis et fondée par Gall, se trouve encore atteinte d'une honteuse stagnation philosophique. »

Voilà pourquoi, avant la systématisation de la biologie, il ne pouvait exister une philosophie proprement dite qui embrassât à la fois l'ordre et l'unité, au point de vue physique, vital, social et moral, c'est-à-dire le monde, la vie et la société, d'après des lois démontrables, et non surnaturelles ou fictives. Si la philosophie positive ne pouvait naître qu'après et d'après la biologie positive, celle-ci ne pouvait non plus naître qu'après et d'après la chimie positive, due à Lavoisier, qui ne date que de la fin du siècle dernier, et fut elle-même précédée de la découverte de l'oxygène par Priestley.

C'est ainsi qu'on en arrive à l'origine positive de la physique avec Galilée, de l'astronomie avec Kepler et Galilée, et de la mathématique avec Descartes; après que les Grecs eurent fondé la géométrie abstraite et que les théocraties eurent développé la numération et l'arithmétique abstraite.

Quant au *fin mot* de la philosophie positive, il émane de la découverte de l'existence spontanée d'une sagesse universelle, vulgairement appelée *bon* sens. Sagesse innée, spontanée et universelle, qui est, au point de vue moral, ajoutons-nous, ce qu'est la gravitation universelle au point de vue de la matière. Cette sagesse coïncide avec les premiers exercices pratiques de la raison humaine et constitue le fondement du raisonnement positiviste, dont la science représente un simple prolongement méthodique et systématique. En dépit de l'ascendant mental de la plus grossière théologie, la conduite journalière de la vie active a toujours suscité une certaine ébauche des lois naturelles, ainsi que des prévisions correspondantes. Tels ont été les germes de la positivité, qui devait longtemps rester empirique avant de devenir rationnelle. De sorte que le véritable esprit philosophique émane de l'extension systématique du simple bon sens, préconisé par Descartes et Bacon, et accessible à toutes les spéculations. L'office de l'esprit philosophique, comme celui du bon sens, dit Auguste Comte, consiste à connaître ce qui est, pour prévoir ce qui sera, afin de l'améliorer autant que possible. Mais malgré leur affinité, le bon sens ou la sagesse vulgaire, par sa spécialité concrète, se préoccupe plus de la *réalité* et de l'*utilité*, tandis que l'esprit philosophique, par son abstraction, se préoccupe davantage de la *généralité* et de la *liaison*. C'est ce qui caractérise la différence radicale entre la pratique et la théorie. En un mot, suivant l'explication d'Auguste Comte : « Les théoriciens agissent sur les hommes et les praticiens sur les choses : ceux-là modifient notre propre nature autant que ceux-ci notre situation extérieure. »

Dans les périodes rétrogrades, de désordre moral et d'anarchie révolutionnaire comme la nôtre, la moralité publique ne cesse pas pour cela de s'améliorer, grâce à l'action toujours croissante de l'esprit positif; action déjà efficace dans notre civilisation sous sa forme spontanée du bon sens universel, qui l'aide à combattre les aberrations théologiques, métaphysiques et révolutionnaires.

Cette spontanéité, en toute chose, se retrouve également en morale. Platon avait déjà dit : « L'homme est un être complexe : il y a en lui un ange doux et pacifique, un animal féroce, une bête immonde : lâchez la bride à la bête et au lion, ils dévoreront l'ange. » Mais la morale reçoit une première systématisation du catholicisme par la distinction de saint Paul entre la *Grâce* et la *Nature*, la plus grande découverte, dit avec raison M. P. Laffitte, qui ait été faite jusqu'à Gall et Auguste Comte sur la théorie de la nature humaine. Ce qui revient à dire que l'homme est spontanément égoïste et altruiste ou bénévolent. Le but de la religion de l'Humanité est uniquement de faire prévaloir les penchants altruistes ou bénévolents sur les penchants égoïstes.

Auguste Comte s'est dit en conséquence : Il y a des forces naturelles dans l'Humanité, qui se traduisent par des actes physiques, intellectuels et moraux ; ces forces, une fois créées, sont indestructibles; il s'agit donc de les interpréter et de les diriger suivant leur destination fatale et sociale. C'est l'histoire en main qu'il les a interprétées en démontrant qu'elles naissent de l'*inspiration théologique*, qu'elles se développent par l'*argumentation métaphysique* et qu'elles atteignent leur maturité par la *démonstration positive*. Il les a ensuite dirigées en les faisant aboutir à leur destination finale, c'est-à-dire à l'Humanité. Nées de l'individu, ces forces deviennent collectives et sociales pour se mettre au service de l'Humanité.

Mais si ces forces sociales sont indestructibles, elles sont aussi éternelles. Elles ont donc existé à l'état latent avant de nous apparaître spontanément, pour devenir empiriques, puis rationnelles, d'après leur systématisation scientifique. Par conséquent il nous est matériellement impossible de créer de nouvelles forces sociales. Il n'y a au fond qu'une simple transformation équivalente de l'une dans l'autre, d'après la loi sociologique de l'évolution des trois phases. De la *spontanéité mystique* ou théologique, elles passent au *développement fictif* ou métaphysique, et finalement à la *systématisation positive* ou scientifique. Une fois en possession de ce fait capital, Auguste Comte s'est encore dit : Puisque nous ne pouvons créer de nouvelles forces sociales, tâchons du moins de conserver celles que nous possédons. Quelle a été la forme politique la plus complète ? La Théocratie. Eh bien, conservons sa base et transformons cette institution en *Sociocratie*. Quelle a été la forme religieuse la plus complète? Le Catholicisme. Transformons-le en *Religion* de l'*Humanité*. Quelle a été la forme active la plus complète ? La guerre. Transformons-la en *Industrie*.

De la sorte, les trois grandes facultés de notre cerveau, l'intelligence, l'affection et l'activité, conservent à la fois leur caractère spontané et systématique chez l'individu et chez l'espèce. Ainsi de suite, à partir de ces évolutions de premier ordre jusqu'en descendant aux moindres attributs de notre organisation sociale, Auguste Comte conserve et systématise tout par la voie du positivisme. Pour accomplir la purification des conceptions primitives, provisoires et surnaturelles, il suffit de substituer le relatif à l'absolu, d'après la substitution de la *loi* à la cause, en conformité avec la loi universelle des trois phases.

Le positivisme transforme et régénère également les sacrements et la prière. Puisons un exemple dans la prière pour l'appliquer à la méthode de transmutation dont fait usage Auguste Comte. Saint Paul proclame que nul n'atteint le bien sans une faveur spéciale du ciel que la prière seule peut nous procurer. En cédant ainsi à des exigences théologiques, saint Paul se conformait à l'expérience fournie par l'étude de l'homme. C'était la conséquence logique de la lutte qu'il avait instituée entre la *nature* et la *grâce*. Mais en méconnaissant l'*innéité* des sentiments bienveillants, il était en désaccord avec l'instinct populaire qui accordait des mobiles élevés aux animaux mêmes. Cependant, c'était la seule manière de concilier l'omnipotence divine avec l'obligation de la prière, source de toute amélioration et de toute unité. Déclarer que pour triompher de la nature, c'est-à-dire de l'égoïsme, il fallait une grâce que la prière pouvait nous procurer, c'était imposer la culture des sentiments bienveillants par les seuls moyens praticables, en un temps où les dispositions égoïstes et le surnaturel étaient prépondérants.

Telle est l'origine théologique de la prière, et voici son origine physiologique que saint Paul n'a pu connaître, et qu'il était réservé à Auguste Comte et au docteur Audiffrent, son disciple, de mettre en lumière. Le principe positif de l'unité sociale et des rapports du corps et du cerveau nous démontre que nos instincts personnels sont les plus énergiques, qu'ils président à un office purement organique dans les viscères végétatifs, et que, par suite, leur activité est toujours en action ou continue. Ce principe nous démontre encore que l'harmonie affective, d'où dépend l'harmonie cérébrale, exige la prépondérance des sentiments bienveillants sur les mobiles égoïstes. La moindre énergie des sentiments altruistes et l'incessante stimulation que reçoivent les instincts égoïstes des viscères végétatifs, à l'entretien desquels ils doivent toujours veiller, rendrait cette harmonie précaire. D'autre part, malgré la spontanéité de nos meilleurs mobiles, malgré le charme même que l'on éprouve dans leur exercice, le triomphe de la sociabilité sur la personnalité serait toujours fluctuant, si nous ne trouvions, hors de nous, une assistance nécessaire propre à nous maintenir en de bonnes dispositions. Les directeurs des hommes ont reconnu, dès la formation des premières sociétés, l'obligation de soumettre, par un ensemble de pratiques, chaque existence privée au service continu d'autrui. En demandant à son Dieu les grâces nécessaires à son salut, le Croyant chrétien ne faisait que se conformer à cette obligation, bien que le dévouement à autrui ne fût pour lui que le moyen et non le but.

C'est ainsi que l'on explique cette nécessité constante que l'homme éprouve à rechercher par la prière, hors de lui, une assistance propre à le maintenir dans la bonne voie. Elle naît de cette autre nécessité innée qu'il ressent de mettre son existence privée au service continu d'autrui, du prochain, en un mot, au service de l'Humanité. C'est pour cela encore que tout homme affranchi des préjugés théologiques et qui accepte des devoirs vis-à-vis des autres, ne peut, pas plus que le chrétien, se dispenser de la prière, destinée à lui rappeler sa double dépendance vers le passé et l'avenir. Mais le dévouement à autrui doit constituer le *but* et non pas le *moyen*, comme dans la prière théologique. C'est cette différence radicale qui distingue la prière positiviste de la prière chrétienne et musulmane. La première, altruiste, s'adresse à un être réel, l'Humanité, en vue de notre perfectionnement moral ; tandis que la seconde, égoïste, s'adresse à un être factice, sans d'autre but qu'une invocation chimérique. Car Dieu, dans sa toute-puissance, dit le docteur Audiffrent, peut se passer des actions de grâce de ses créatures, mais l'Humanité a besoin de notre concours qui se trouve consolidé et épuré par la prière, en même temps qu'elle perfectionne notre nature.

« Pour le positiviste, ajoute le docteur Audiffrent, la prière n'est plus une demande intéressée, c'est une noble aspiration de l'âme vers tout ce qui est digne d'être aimé. De cette aspiration découle l'habitude d'une soumission volontaire au service d'autrui, de laquelle peuvent émaner les plus salutaires résolutions. L'unité cérébrale et l'ordre social qui en dépend, deviennent de la sorte la conséquence d'une culture toute morale, sans laquelle on ne pourrait, en se servant du langage chrétien, triompher de la nature, ni travailler au bonheur prochain. Vivre pour autrui reste de la sorte la destination de toute âme honnête. Voilà comment la science, élevée jusqu'à la connaissance de l'homme, consacre les institutions du passé et nous permet de bénéficier de l'héritage de nos prédécesseurs, à qui une longue expérience de la vie avait révélé empiriquement nos faiblesses originelles et les moyens de les contenir [1]. »

Quand nous disons qu'Auguste Comte a conservé toutes les forces humaines, ce n'est pas lui qui l'a voulu ainsi, ce sont les lois de l'histoire qui l'exigent, c'est la condition du progrès humain qui le réclame.

Voilà le *fin mot* de la vraie découverte d'Auguste Comte. On comprend maintenant pourquoi la philosophie positive est réellement le *nec plus ultra* des philosophies. C'est simplement parce que Comte démontre que la philosophie ne peut être autre chose que la systématisation positive des forces existantes — physiques, vitales, sociales et morales — d'après leur évolution et leur filia-

---

[1]. Audiffrent, *Du cerveau et de l'innervation d'après Auguste Comte.* Paris, 1869, p. 473-475. — Voir aussi Joseph Longchamp, *Essai sur la prière.* Paris, 1853.

tion naturelles révélées par l'histoire de l'Humanité.

Remarquons bien que le principe de la conservation et de la transformation des forces humaines n'a rien d'arbitraire et est au fond analogue à cet autre principe de la conservation et de la transformation équivalente des forces vives, dont s'est enrichie la physique, à partir de 1842, grâce aux découvertes dynamiques de Mayer, Joule, Grove, etc.; principe qui est également étendu par Wundt et Bain au domaine psychologique. Ces deux évolutions, l'une sociale, l'autre cosmologique, se reproduisent vitalement, d'après ce troisième principe de l'évolution et de la transformation, dans de certaines limites, de l'espèce ou du soi-disant Darwinisme. C'est également sur les lois de la mécanique rationnelle qu'Auguste Comte a basé une grande partie de sa philosophie première, ainsi que la systématisation de la morale.

Ce n'est pas tout. Nous avons vu que l'esprit positif naît spontanément du *bon sens universel* également spontané. Mais ce qui réveille cet esprit positif, c'est la *réaction de la raison pratique sur la raison théorique*, dont le caractère primitif a toujours été ainsi modifié de plus en plus. De là naissent aussi les révolutions scientifiques, toujours par suite d'une concordance insuffisante entre les faits et les principes.

Si l'homme n'eût pas été susceptible de comparer, d'abstraire, de généraliser, de prévoir à un plus haut degré que ne le font les singes et les carnassiers, il aurait indéfiniment persisté dans le fétichisme, où les animaux sont forcément retenus par leur organisation cérébrale. Mais son intelligence est propre à apprécier la similitude des phénomènes et à reconnaître leur succession, ce qui constitue la loi des phénomènes. Or, l'important passage du fétichisme au polythéisme constitue le premier résultat général de cet essor naissant de l'esprit d'observation et d'induction, développé d'abord chez les hommes supérieurs, et, à leur suite, dans la multitude.

Le caractère individuel et concret, inhérent aux croyances fétichiques, est toujours relatif à un objet déterminé et unique. Il émane de l'incohérence des observations les plus grossières propres à l'enfance de l'Humanité. Il existe donc une exacte harmonie entre la conception et l'exploration, vers laquelle tend toujours notre intelligence. Mais l'essor de cette première conception perfectionne l'esprit d'observation et d'induction, qui finit par ne plus trouver de concordance entre les faits observés et les principes formulés. Alors une modification fondamentale devient nécessaire et l'on passe ainsi par le développement continu de l'esprit scientifique à une nouvelle synthèse.

Après avoir démontré cette belle théorie de l'évolution, graduellement spontanée, du progrès humain, Auguste Comte affirme que la grande révolution qui a conduit l'intelligence humaine du fétichisme au polythéisme est, au fond, beaucoup plus prononcée, et est essentiellement due aux mêmes causes mentales que nous voyons journellement produire les diverses révolutions scientifiques, toujours par suite d'une concordance insuffisante entre les faits et les principes. De sa théorie de l'histoire, Comte conclut encore ce fait capital : « que les lois logiques, qui finalement gouvernent le monde intellectuel, sont, de leur nature, essentiellement invariables, et communes, non-seulement à tous les temps et à tous les lieux, mais aussi à tous les sujets quelconques, sans aucune distinction même entre ceux que nous appelons réels et chimériques : elles s'observent, au fond, jusque dans les songes, sauf la seule diversité des circonstances, intérieures et extérieures. La similitude radicale dans le mode général d'accomplissement des différentes transitions intellectuelles, malgré la diversité des époques et des situations, constitue donc le principal symptôme de la justesse de nos explications philosophiques, et la première source de leur première efficacité. » De même que les géologues, poursuit Comte, n'admettent plus d'autres forces et d'autres lois normales que celles qui se manifestent dans les phénomènes actuels, qui faisaient jadis rêver à des cataclysmes inexplicables, pareillement les philosophes devraient unanimement bannir l'usage, beaucoup plus dangereux, de toute théorie qui suppose, dans l'histoire de l'esprit humain, d'autres différences réelles que celles de la maturité et de l'expérience graduellement développées. Sans quoi, on ne pourra jamais rien établir de solide en sociologie. « Le changement définitif de notre régime logique, selon Comte, se réduit donc à faire sciemment, pour diriger notre sage activité, ce qui d'abord s'effectua spontanément au profit d'une vaine curiosité. »

CHAPITRE II

LES LIMITES DU POSITIVISME.

> « L'ordre universel consiste dans une fatalité modifiable; l'objet de toute notre science est de savoir en quoi il est immuable, en quoi il est modifiable. »
> A. Comte.

Les savants placés au point de vue de la méthode analytique et du matérialisme objectif, libres penseurs ou autres, faisant le procès au positivisme du haut de leur absolutisme révolutionnaire, ne nous ont pas plus épargnés que les théologiens, les métaphysiciens et les politiques rétrogrades. Pour répondre à nos adversaires, nous allons établir catégoriquement quelles sont les aspirations de la philosophie positive, afin qu'une fois l'équivoque dissipée, on puisse nous suivre avec connaissance de cause.

L'idéal du Positivisme est d'arriver à constituer la Philosophie d'après la science, la Politique d'après l'histoire en la subordonnant à la morale, la Religion d'après la philosophie ou la foi démontrée. La religion, devenant ainsi *universelle* (réalisant le rêve du catholicisme, de l'islamisme et du bouddhisme, rêve que nous voyons revêtir un caractère de spontanéité dans l'âge fétichique et systématique sous le Polythéisme astrolâtrique et théocratique), est destinée à régler l'existence affective, spéculative et active, c'est-à-dire la vie humaine à la fois personnelle, domestique et civile, rapportant tout à l'Humanité. Le Positivisme, représentant le progrès comme le simple développement de l'ordre, fait consister la régénération sociale dans la discipline de toutes les forces humaines. Telle est la conception de la méthode positive qui apprécie la déduction en Mathématique, l'observation en Astronomie, l'expérimentation en Physique, la nomenclature en Chimie, la comparaison en Biologie et la filiation en Sociologie. Maintenant, grâce à la méthode subjective, la Morale ou la science *sacrée*, seule apte à régler toutes les autres sciences, d'après une entière coïncidence entre l'objet et le sujet, complète la hiérarchie encyclopédique. La systématisation de la Morale vient alors présider à la régénération finale de l'Humanité.

Nous rendons pleine justice aux hommes et aux choses ; nous faisons plus, nous justifions tous les crimes qui ont souillé la surface de la terre ; nous faisons sentir qu'ils furent des maux nécessaires en parfaite harmonie avec les époques et les milieux qui les virent naître. Comme dit Auguste Comte, « aucun régime ne peut mériter la censure que pendant sa décadence, car il n'aurait jamais surgi ni prévalu, s'il n'avait été suffisamment conforme à notre nature, et même assez favorable à nos progrès. » Nous signalons encore les vraies mesures qu'il faut prendre, dont la première consiste à savoir *prévoir* les événements pour les *améliorer*, en les dirigeant convenablement vers leur destination fatale et humaine.

Le progrès naît de l'ordre et engendre l'unité, de même que l'ouragan dévastateur, qui se déchaîne terrible, naît sous le souffle embaumé du zéphir. De même encore la rupture de l'ordre et l'exaltation du progrès qui s'ensuit, détruisent l'unité. On recueille alors, sous le rapport vital les maladies, sous le rapport social les révolutions, sous le rapport moral la folie subjective ou l'idiotisme objectif; trois immenses fléaux de l'Humanité qui servent en partie à niveler la société, en ramenant le taux de la population à sa juste valeur numérique.

La Philosophie positive inspire à bon nombre de libres penseurs et aux savants de bonne foi le même éloignement que le système républicain inspire aux rétrogrades et aux conservateurs. Toutefois, la réaction s'opère en sens inverse, car libres penseurs et savants s'imaginent que nous enchaînons le progrès sous toutes ses formes parce que nous y fixons des limites insurmontables, tandis que les rétrogrades et les conservateurs s'effrayent de l'absolutisme des républicains.

La mission du positivisme, en intervenant dans la lutte, est de pénétrer dans le camp des combattants pour y introduire l'ordre et la paix. Le positivisme nous dit : Ne cherchons pas ailleurs l'origine de nos maux : la voici, méditons-la. « L'anarchie occidentale, dit Auguste Comte, consiste dans l'altération de la continuité humaine, successivement violée par le catholicisme, maudissant l'antiquité, le protestantisme, réprouvant le moyen âge, et le déisme niant toute filiation. Rien n'invoque mieux le positivisme pour fournir enfin à la situation révolutionnaire la seule issue qu'elle comporte, en surmontant toutes ces doctrines subversives qui poussèrent graduellement les vivants à s'insurger contre l'ensemble des morts. » Les âmes élevées découvriront les trésors de vérité renfermés dans ces quelques lignes, mais il n'est que les seuls positivistes qui puissent les concevoir à fond, grâce à leur éducation complétement émancipée de l'anarchie théologique, métaphysique, académique, parlementaire et révolutionnaire.

Maintenant, est-il bien vrai que nous enchaînons le Progrès? Si, par enchaîner le progrès, on entend l'acte de lui assigner des limites infranchissables pour l'intelligence humaine, nous acceptons de grand cœur cette dictature philosophico - scientifique. Nous dirons alors : *Tu n'iras pas plus loin*. La raison qui nous fait tenir à nos convictions avec une inébranlable fermeté, nous la trouvons, à ne prendre que les faits tangibles, dans la marche constante de l'histoire : depuis deux mille cinq cents ans, de Thalès à Auguste Comte, nous voyons que toutes les lois réelles ont été découvertes en dehors des causes premières, finales et intimes; c'est précisément l'obstination anarchique des théologiens et des métaphysiciens, toujours à la recherche de cet impossible, qui retarde aujourd'hui l'entière systématisation de la doctrine positive. C'est cette fiction qui a de tout temps dérobé à nos regards les lois essentielles des phénomènes et entravé leur découverte.

Si l'on demande à la science ce que c'est que la chaleur, l'électricité, la lumière, etc., la science répondra infailliblement *qu'elle n'en sait rien!* Cependant, c'est grâce aux découvertes de la science que nous nous transportons à l'aide de la vapeur, sur terre et sur mer, d'un bout à l'autre bout du monde, avec une vitesse extrême ; que notre pensée se transmet de pôle à pôle, prompte comme l'éclair ; que nos traits se reproduisent instantanément sans le crayon de l'art, la lumière dans la photographie étant le seul et véritable artiste. En un mot, nous ignorons la cause intime la plus simple du phénomène le plus simple. Par contre, nous connaissons des propriétés physiques, intellectuelles et morales, des lois de la nature tellement compliquées et merveilleuses, que s'il nous était donné un point d'appui dans l'espace, à l'aide du bras du levier d'Archimède, nous redresserions la terre, qui, d'après l'expression de Voltaire, tourne si gauchement autour de son axe. Que faut-il conclure de tout cela, si ce n'est qu'il y a folie, qu'il y a idiotisme, à s'obstiner à rêver toujours ce que l'on ne peut atteindre. Le mieux est de savoir être sage et d'aimer ce que l'on a lorsque l'on n'a pas ce que l'on aime. Mais, comme dit Fontenelle, « on ne persuade pas facilement aux hommes de mettre leur raison en la place de leurs yeux. »

Les savants qui s'obstinent encore à étendre leurs études analytiques jusqu'à l'infini, au lieu de s'occuper de leur systématisation rationnelle, s'imaginent triompher d'Auguste Comte depuis l'application sidérale de l'analyse spectrale. Auguste Comte, à une époque où il n'aurait pu prévoir un tel progrès scientifique, affirma que l'*expérimentation* était impossible en astronomie. Cependant Comte avait parfaitement raison et voici pourquoi: D'après la définition même du mot, pour qu'il y ait expérimentation en astronomie, il faudrait par exemple que nous pussions modifier (pour voir « ce qui se passerait ») l'obliquité de l'écliptique et notre axe de rotation en rapprochant l'écliptique de l'équateur, de manière à ce que l'astre décrivant toujours l'équateur, l'équinoxe puisse devenir perpétuel. Cette combinaison idéale, déjà sensible entre les différentes planètes, serait, qui sait, plus favorable à notre constitution astronomique et à la vie terrestre, animale et végétale. Notre imperfection cosmique n'a pas échappé à l'esprit théologique, qui a vu en elle, observe Comte, une sorte de punition infligée à l'Humanité, lors de sa chute originelle. En effet, Milton, dans une admirable conception poétique, nous dépeint un ange accourant, aussitôt après le péché fatal, pour pencher sur l'écliptique l'axe terrestre, qui auparavant lui était perpendiculaire.

Malheureusement nous ne pouvons pas nous payer la jouissance de telles expérimentations. Par conséquent l'astronomie se trouve réduite aux études d'observation uniquement visuelles comme l'avait affirmé Comte. En un mot, l'analyse spectrale n'est qu'une analyse physique, et non pas une analyse chimique, ou, plus proprement parlant, une expérimentation chimique. Ce n'est pas une analyse chimique, parce qu'il n'y a point de décomposition et de recomposition chimiques, point de dualisme. C'est simplement un rayon de lumière qui traverse un prisme, se décompose et laisse apercevoir la nature des raies qui caractérisent les différentes lumières, d'après la composition atomique des corps. Quand on voit une seule raie jaune, par exemple, en place de la raie D de Fraunhofer du spectre solaire, on sait que cette raie est produite par l'incandescence du sodium qui se trouve dans le sel à manger. On étudie donc des propriétés *physiques* par l'intermédiaire de l'organe de la vue, et non des propriétés chimiques proprement dites.

Voilà le côté élémentaire de la question de l'enchaînement de l'esprit. On trouvera dans l'exposition du positivisme le côté purement scientifique. Jusque-là, disons avec le grand Newton : *O physique! garde-toi de la métaphysique!*

CHAPITRE III

COMMENT SE FORMENT LES SCIENCES POSITIVES ET LES POSITIVISTES.

« L'espèce humaine peut être assimilée à un seul homme, dont l'éducation se fait par degrés. »
SAINT AUGUSTIN.

« Toute la suite des hommes, pendant le cours de tant de siècles, peut être considérée comme un même homme qui subsiste toujours et qui apprend continuellement. »
PASCAL.

On a une idée excessivement vague ou fausse de la nature du développement des sciences et de l'apparition des hommes de génie. Il faut se convaincre que, par une sorte de *fatalité*, qui préside autant à la nature organique qu'à la nature inorganique, (devenant sous le positivisme une source de bonheur et de gloire), les sciences et les bienfaiteurs de l'Humanité naissent à des époques préfixées. On ne saurait renverser, anticiper ou retarder une seule de ces époques, sans produire une perturbation locale ou générale, suivant la transcendance de la découverte. C'est une *prédestination* scientifique et démontrée, et non théologico-métaphysique, que nous découvrons dans l'histoire des sciences et des savants.

Les idées naissent spontanément sous l'impulsion de quelque génie, qui ne se rend pas bien compte de ce qu'il élabore. Elles passent ensuite inaperçues ou tombent dans l'oubli. Mais ce sommeil transitoire n'a lieu qu'au profit du développement également spontané de quelque autre branche collatérale et supérieure, indispensable au perfectionnement de la branche inférieure. Des années ou des siècles s'écoulent jusqu'à ce que de nouveaux génies apparaissent, et sentent profondément que cette idée renferme le germe d'une nouvelle découverte et que la science leur offre les ressources voulues pour la systématiser. Le plus souvent, ces bienfaiteurs de l'Humanité ne sont point compris. On les dénonce, on les condamne aux supplices corporels ou à la conspiration du silence, on les laisse mourir de faim.

Insensés ! Lorsque l'idée est mûre, lorsqu'elle s'est émancipée par la force des circonstances, selon l'expression vulgaire, elle brise ses chaînes ; elle subjugue les esprits; elle remue le monde. Alors elle est partout accueillie et propagée, et chacun se l'assimile. La chose paraît tellement simple, qu'on s'étonne de ne l'avoir pas vue plus tôt. C'est à peine si l'on s'imagine ce qu'elle a coûté de persévérance et d'efforts.

Toutes les découvertes se sont réalisées dans la série des siècles, par la spontanéité mystique, par le développement fictif et par la systématisation *positive*. Pourquoi ? C'est parce que, d'après la loi des trois phases systématisée par Auguste Comte, le savoir humain est fatalement condamné à naître théologiquement, à se purifier métaphysiquement et à se constituer positivement. C'est une opération merveilleuse que celle qui nous condamne à ruiner pouce par pouce et de fond en comble l'*inspiration* théologique par l'*argumentation* métaphysique, et celle-ci par la *démonstration* scientifique, en embrassant dans une seule loi générale : le passé, le présent et l'avenir de l'Humanité.

Cette opération a lieu, d'après Auguste Comte, ainsi qu'il suit : La métaphysique, de même que la théologie, explique la nature intime des êtres, l'origine et la destination de toutes choses, le mode essentiel de production de tous les phénomènes. Mais au lieu d'y employer des agents surnaturels, elle les remplace par des *entités* ou des abstractions personnifiées, que l'usage caractéristique a permis de désigner sous le nom d'*Ontologie*. Par le caractère équivoque de ces entités, inhérentes au corps, et qui correspondent avec lui sans se confondre, le métaphysicien, peut à volonté, selon qu'il est plus près de l'état théologique ou de l'état positif, voir ou une véritable émanation de la puissance surnaturelle ou une simple dénomination abstraite du phénomène considéré. Ce n'est plus alors la pure imagination qui domine, et ce n'est pas encore la véritable observation ; mais le raisonnement y acquiert beaucoup d'extension et se prépare confusément à l'exercice vraiment scientifique. La spéculation s'y trouve très-exagérée, par suite de la tendance opiniâtre de la métaphysique à argumenter au lieu d'observer. Un ordre de conceptions aussi flexible, qui comporte moins de consistance que le système théologique, parvient plus rapidement à l'unité, par la subordination graduelle de ses entités à une seule entité générale — la *Nature* — destinée à terminer la phase métaphysique, de même que l'unité d'un seul Dieu termine la phase théologique.

Les modifications qu'éprouve l'esprit théologique sont ainsi déterminées par le développement continu de l'esprit scientifique, mais elles s'opèrent toujours par l'inévitable intervention directe de l'esprit métaphysique. A l'esprit métaphysique aboutit d'abord le décroissement de l'esprit théologique, jusqu'à ce que l'esprit scientifique ou la positivité commence à prévaloir.

Le passage du fétichisme au polythéisme marque la véritable origine historique de la philosophie métaphysique, comme une nuance distincte de la philosophie purement théologique. La transformation des fétiches en dieux a fait considérer dans chaque corps une propriété abstraite qui le rendait susceptible de recevoir mystérieusement l'impulsion de l'agent surnaturel correspondant, au lieu de la vie propre et directe qu'on lui attribuait d'abord.

Auguste Comte avait donc raison de dire que l'esprit général des spéculations théologico-métaphysiques est à la fois *idéal* dans sa marche, *absolu* dans sa conception, et *arbitraire* dans son application.

Comme on le voit, une science ne peut atteindre sa *virilité positive* tant qu'il lui reste l'ombre d'un germe théologique ou métaphysique. C'est encore d'après cette loi que les grands génies, auteurs ou systématisateurs d'une conception positiviste, sont à la fois les propagateurs de quelque aberration mystique ou fictive. Leur science réelle s'arrête là où leur positivité s'est arrêtée, jusqu'à ce qu'un nouveau semi-positiviste la reprenne à ce point de son évolution pour lui imprimer une nouvelle impulsion positive. Ce dernier se heurte à son tour contre d'autres fictions mieux justifiées, jusqu'à ce qu'un troisième ou un quatrième génie ait rendu la science envisagée réellement positive, en l'émancipant complétement de l'esprit théologique et métaphysique.

La durée de cette évolution de purification est en rapport direct de la complication des connaissances que l'on considère. Plus de cinquante siècles se sont écoulés depuis la théocratie polythéique jusqu'à la sociocratie humanitaire systématisée par Auguste Comte. L'organisation du pouvoir spirituel et temporel, catholico-féodal, commencée du IIIe au IVe siècles, ne fut pleinement constituée que du XIe au XIIe siècle, pour dépérir simultanément deux siècles après. Le catholicisme — soi-disant religion universelle — dont l'essor de sa constitution a exigé dix siècles, ne s'est réellement maintenu à la tête du système européen que pendant deux siècles environ, de Grégoire VII, qui l'a complété, à Boniface VIII, sous lequel son déclin politique a hautement commencé; les cinq siècles suivants n'ayant offert qu'une sorte d'agonie chronique, de moins en moins active, jusqu'à la rupture de son unité spirituelle, base de sa force. Mais tandis que sa doctrine était fatalement condamnée à périr, son organisation est aussi fatalement destinée à revivre d'après sa reconstruction positiviste.

La transition, parfois anarchique, parfois spontanément organique, que nous traversons encore, débuta à la chute du moyen âge et date déjà de cinq siècles. La dissolution fut spontanée du XIIIe au XIVe siècle, puis systématique du XVe au XVIe siècle, et révolutionnaire du XVIIe au XVIIIe siècle, lorsque la pensée commença à s'émanciper. Enfin le XIXe siècle aura inauguré, grâce à

Auguste Comte, l'ère de la réorganisation sociale, en préparant ainsi l'avenir humain. « Ainsi se prépare, dit Auguste Comte, le digne ascendant des âmes d'élite, qui doit bientôt réaliser, épurés et combinés, l'empire universel que Mahomet promit aux vrais croyants et le règne général que Cromwell annonçait aux saints. »

Il faut donc considérer notre passé comme constituant notre complète initiation, poussée jusqu'à l'avénement de la sociologie où les lois de l'intelligence se manifestent. Cet état normal est aujourd'hui pleinement appréciable, bien qu'il ne soit pas encore réalisé. Tant que l'âge préliminaire ne fut point terminé, la nature et la marche de la raison humaine nous restèrent voilées, parce que chaque évolution fétichiste, polythéiste, monothéiste, métaphysique et scientifique s'érigèrent en type universel. C'est ainsi, dit Auguste Comte, que les lois mentales ne sauraient être manifestées par une seule phase historique, mais uniquement, d'après l'ensemble de l'évolution déjà accomplie.

Deux exemples, l'un général, l'autre particulier, vont nous confirmer ce fait; le premier résumera l'immense élaboration de plus de trente siècles, ainsi que l'enchaînement des lois historiques d'après l'évolution découverte par Auguste Comte.

Le polythéisme militaire dirigea en Grèce l'élaboration mentale, premièrement esthétique, puis théorique, qui devait préparer les bases spéculatives de l'état futur et normal par l'essor décisif du génie abstrait, incompatible avec la Théocratie. Quand cet office fut assez institué, le Polythéisme militaire, sous sa double forme, tendit, à Rome, directement vers l'existence définitive, en faisant prévaloir l'activité guerrière sur l'intelligence, d'après un suffisant développement du seul civisme alors possible, qui perfectionna la vénération théocratique. Lorsque les deux transitions eurent assez développé l'intelligence et l'activité, le Monothéisme défensif du moyen âge — le régime catholico-féodal — sentit le besoin de régler les forces théoriques du Polythéisme intellectuel-grec et les forces pratiques du Polythéisme social-romain. S'efforçant de systématiser notre existence, le Monothéisme se consacra, dans cette troisième transition, au développement du *sentiment*, moteur de toute notre existence ; il sépara les deux pouvoirs humains, il réalisa l'émancipation de la femme, il libéra les travailleurs, etc., préparant ainsi l'état normal et final de l'Humanité, que seul le Positivisme peut instituer d'après une religion universelle et démontrée. « L'avortement nécessaire de cette tentative prématurée, dit Comte, épuisa le théologisme avant que le positivisme pût surgir; de là provint la révolution occidentale, qui dut à la fois décomposer le régime préliminaire et développer les éléments propres à l'ordre final. »

La transition affective du Monothéisme émana davantage de l'élaboration active de Rome que de l'élaboration spéculative de la Grèce, qui troubla son avènement plus qu'elle ne le seconda. Lorsque l'épuisement du Monothéisme défensif fit prévaloir, dès la fin du moyen âge, l'élaboration directe de la régénération mentale, longtemps suspendue par les nécessités sociales, ce fut alors que l'esprit purement spéculatif trouva sa vraie destination.

En résumé, ces trois périodes ont alternativement élaboré l'*intelligence*, l'*activité* et le *sentiment*. L'évolution révolutionnaire qui débuta au xive siècle comporte plutôt le nom de Crise que celui de transition, en vertu de l'impulsion anarchique qui la caractérise à mesure que nous touchons au terme final.

Comme dit Clotilde de Vaux : « Les hommes auront beau se démener, ce sont les lois de l'Humanité qui les mènent. » Auguste Comte nous les dévoile.

« Un tel enchaînement, ajoute Comte, représente le moyen âge comme spontanément émané de l'ensemble de l'antiquité, de manière à constituer la moins durable des trois transitions organiques, celle qui peut le plus être épargnée aux civilisations retardées. Quand cette dernière préparation est accomplie, le système théologique et militaire se trouve nécessairement épuisé. Sa décomposition ultérieure ne peut plus tendre que vers une pure anarchie, devenue pourtant inévitable d'après l'impossibilité radicale d'instituer alors l'état final, dont la vraie nature restait même inconnue. Ainsi surgit la double révolution qui sépare du moyen âge la crise actuelle de l'Occident. »

— Voici maintenant le second exemple, qui se rapporte à l'Astronomie. Kepler fonda l'Astronomie statique, mais lorsqu'il voulut aborder l'Astronomie dynamique, il ne trouva rien de mieux que de charger des *génies* et des *esprits* de remorquer les planètes. Descartes après lui inventa ses fameux tourbillons qui entraînaient les corps célestes autour du soleil. Enfin Newton vint, qui formula la loi de la gravitation universelle. Les esprits de Képler étaient simplement la conception théologique; les tourbillons de Descartes, la conception métaphysique; et la gravitation de Newton, la conception positive de la dynamique céleste. Un siècle s'écoula de Képler à Newton pour achever de rendre l'Astronomie entièrement positive. Un autre siècle après la mort de Newton (1726), Auguste Comte instituait la philosophie positive (1826), en lui donnant l'Astronomie pour base objective.

Nous venons d'envisager l'astronomie uniquement au point de vue dynamique, mais au point de vue statique, elle avait déjà entre les mains d'Hipparque et de ses successeurs tous les caractères d'une véritable science. Même dynamiquement considérée, deux mille ans avant le fameux *Je pense, donc je suis* de Descartes, Héraclite avait dit : *Je me meus, donc je suis!*

C'est donc à Hipparque, à Képler, à Newton et à tous les bienfaiteurs de l'Humanité, qui ont concouru à établir les lois astronomiques, que revient la gloire, comme dit Comte, que racontent les cieux sous la dernière phase théologique : *Cœli enarrant gloriam Dei*.

Quant à la création des positivistes, n'est pas positiviste qui veut. Pour devenir un positiviste de cœur et d'esprit, il faut être également émancipé du théologisme et de la métaphysique. Il faut en outre posséder un esprit d'ensemble, de méthode et de classification, ou au moins un esprit susceptible d'acquérir par l'étude et la méditation ces dons précieux du positivisme. On se perfectionne ensuite à l'aide de facultés morales solidement assises sur l'amour et la conscience des devoirs sociaux. En un mot, il faut aux positivistes-stoïciens : une volonté de fer, une intelligence fière et un cœur chaud, n'en déplaise à l'hilarité railleuse que pourront provoquer ces expressions. « *Conciliant en fait et inflexible en principe,* comme dit Comte en parlant de la religion positive, telle doit être la devise des positivistes. »

« Le véritable esprit positif, observe Auguste Comte, consiste à voir pour prévoir, à étudier ce qui est afin d'en conclure ce qui sera, d'après le dogme de l'invariabilité des lois naturelles. » Malheureusement bon nombre d'esprits sont réfractaires au positivisme; d'autres doivent en être même expulsés, comme perturbateurs de l'ordre, du progrès et de l'unité humaine.

N'est pas non plus *grand homme* qui veut. Auguste Comte calcule que l'Humanité n'aurait produit, en moyenne, jusqu'à nos jours, que 500 grands hommes. Cette considération nous amène tout naturellement à la définition du véritable grand homme que nous allons donner, en suivant M. Laffitte, d'après la doctrine positive.

L'homme étant bâti comme tous les mammifères, sur un type fondamental, les facultés cérébrales d'un grand homme ne peuvent différer de celles du commun des mortels que par le développement exceptionnel et l'intensité que certaines facultés ou leur ensemble acquièrent : c'est l'esprit d'observation, d'induction ou de déduction, c'est la vénération, la bienveillance ou l'énergie qui est supérieure en lui. Mais cette supériorité physiologique est insuffisante pour permettre à un grand homme de se produire, comme le démontrent de rares facultés restées sans emploi. Certaines conditions sociologiques sont non-seulement nécessaires, mais c'est encore d'elles que dépendent en réalité les conditions physiologiques elles-mêmes. Au début de l'évolution humaine, les hommes ne diffèrent que par quelques muscles plus développés, un peu plus de force, un poing plus solide. Là n'est pas l'homme supérieur que nous envisageons. Hercule, ce type de la force physique, ne serait point resté vivant dans la mémoire des hommes, s'il n'avait employée sa force à purger la terre des monstres, des bêtes et des tyrans qui l'infestaient; s'il n'avait percé des isthmes, détourné des fleuves, rasé des montagnes, fait servir cette puissance invincible dont il était muni, au plus grand bien de ses semblables! Mais la loi de l'exercice et celle de l'hérédité font naître chez les uns des dispositions merveilleuses, tandis que d'autres, plus mal servis par les circonstances, ne s'élèvent guère au dessus des mammifères les plus voisins. Ces deux lois peuvent développer exclusivement certaines facultés : des peuples acquièrent le génie abstrait ; d'autres fournissent des observateurs ; ceux-ci montrent une prodigieuse activité ; ceux-là sont supérieurs par la culture du sentiment. C'est ainsi qu'avec le temps les hommes deviennent de plus en plus inégaux. Croit-on, par exemple, qu'au début de l'évolution humaine il ait pu exister, entre les hommes, sous le point de vue des aptitudes musicales, une différence comparable à celle qui existe de nos jours entre Mozart ou Rossini et le reste des Occidentaux ? Écoutez chanter deux sauvages aussi différemment doués que possible, chez l'un comme chez l'autre ce sont les mêmes cris discordants. Il en est de même pour les sexes, création artificielle s'il en fut. Qu'est-ce qui distingue d'abord l'homme de la femme au début de l'Humanité, si ce n'est que celle-ci est plus grêle et plus laide que l'homme, comme cela existe encore chez beaucoup de sauvages, et chez la plupart des animaux où le mâle l'emporte en beauté sur la femelle ? Combien les rôles sont changés aujourd'hui !

Si l'Humanité développe entre les hommes des différences chaque jour plus sensibles, elle en resserre aussi le concours en lui donnant un but plus élevé. Chacun portant en soi des facultés inégalement développées, peut de moins en moins se passer de l'appui des autres. D'autre part, ce concours de tous les instants, cette assistance mutuelle développe chez l'homme les sentiments sympathiques, bienveillants et altruistes. Accroissement des inégalités, accroissement du concours et accroissement des sentiments : telle est la loi ; telles sont les conditions qui vont permettre au grand homme de se produire. L'Humanité, par des soins séculaires, a produit un cerveau supérieur aux autres en intelligence et en moralité. L'homme qui le porte est à la fois plus apte à sentir le mal dont souffrent ses concitoyens et à trouver le remède qui doit les guérir ; il a la passion et la puissance de faire le bien : cet homme-là va être grand.

Bien qu'il n'y ait guère de situation sociale dans laquelle une nature véritablement supérieure ne trouve l'occasion de s'accuser, les circonstances dans lesquelles elle paraît ont quelque influence sur l'éclat qu'elle doit jeter ; car la réputation de certains hommes n'est pas égale à leur mérite, et ils valent mieux que leur renommée. Cela est l'affaire du hasard des temps. Si, avec moins de génie, l'état du monde est tel que vous puissiez rendre plus de services, ce monde vous accordera aussi plus de reconnaissance et d'admiration. Mais celui-là est grand qui, mû par des aspirations généreuses, est doué d'assez de génie pour voir le *problème* et le résoudre. Depuis le jour où Brennus eut saccagé Rome, le problème de la conquête des Gaules fut posé devant Rome ; des invasions périodiques vinrent rappeler aux Romains qu'il fallait choisir entre conquérir ou être conquis. En vain Marius fit un grand effort et massacra cent mille barbares, le péril fut si peu conjuré qu'il renaissait sous ses pas. Si Rome n'avait eu pour généraux que des Lépide, l'empire romain ne fût point né. Le sort voulut qu'elle rencontrât Jules César et Rome fut sauvée. Il n'appartient qu'à une clairvoyance, propre aux hommes supérieurs, de voir le danger dans bien des circonstances. Alors que le danger est découvert, il faut plus de génie encore pour le conjurer.

« Ne sommes-nous pas en France, poursuit M. Laffitte, dans cette pénible situation d'un peuple qui marque le pas et qui s'épuise en stériles efforts depuis cinquante ans, faute d'un Richelieu ou d'un César capable de comprendre les nécessités présentes, capable de trouver le remède qui leur convient et capable enfin de l'appliquer? Les grands hommes sont la création même de la société; ils sont le produit des générations successives qui, sans cesse améliorées, ont fait surgir enfin d'exceptionnelles natures; ils bénéficient le plus souvent du travail accumulé de pionniers obscurs qui leur ont frayé la voie, mais qui, pour ne pas avoir atteint le but, sont demeurés dans l'oubli ; ils doivent naître à une heure propice, au moment même où la solution est assez préparée et où le monde l'attend, car il y a une part de *chance* dans cette grandeur; mais ils doivent joindre surtout à une supériorité intellectuelle reconnue une réelle supériorité morale. Si celle-ci n'existait point, celle-là existerait en vain; car ceux qui la posséderaient, capables seulement de mal faire, ne laisseraient à la postérité qu'un nom déshonoré et maudit... Nous ne risquons plus de nous égarer. Nous connaissons les conditions morales et intellectuelles et les conditions sociales qui font l'homme véritablement supérieur. La doctrine d'Auguste Comte à la main, nous pouvons traverser l'histoire et imprimer avec certitude sur le front de ceux qui l'ont mérité le titre de Grand [1]. »

Nous venons de voir comment une décou-

---

[1]. *Les Grands types de l'Humanité*, etc., Paris, 1874-75, t. I, p. 65-70.

verte, qui est appelée à bouleverser le monde dans un avenir plus ou moins lointain, est aussi condamnée à sommeiller pendant des siècles. Nous avons encore vu comment les grands hommes naissent à une heure propice, au moment même où la solution est assez préparée, où le monde les attend. Mais dans cet intervalle de temps, que se passe-t-il? L'Humanité traverse, hélas! de rudes périodes de transition, périodes de décadence, d'anarchie universelle, de « *ténèbres et d'ordure,* » comme disait Marc-Aurèle de son siècle de transition. Périodes dans lesquelles les médiocrités pullulent, tiennent le haut du pavé et marquent le pas, tandis que les vrais génies descendent modestement l'échelle sociale ; dans lesquelles les géomètres, les philosophes, les poëtes et les historiens cèdent la place aux algébristes, aux lettrés, aux versificateurs et aux chroniqueurs, tous... creux discoureurs.

Sans nous reporter à la plus haute antiquité, nous trouvons des périodes caractéristiques de transition à la chute de l'élaboration intellectuelle de la Grèce, qui expire avec le grand Aristote, jusqu'à l'avénement de la civilisation catholico-féodale ; à la chute de celle-ci jusqu'à la renaissance de l'esprit humain, et finalement, depuis l'épuisement fortuit de la grande école encyclopédique du xviiie siècle, qui ne put rien construire faute de matériaux convenablement élaborés; de même que la petite école put encore moins construire avec la philosophie de Condillac, la politique de Rousseau, la morale d'Helvétius et la religion de Voltaire, comme observe Auguste Comte.

Leur contemporain, le profond Diderot, avait eu le pressentiment de cette décadence. « Nous touchons, disait-il en 1754, au moment d'une grande révolution dans les sciences. Au penchant que les esprits me paraissent avoir à la morale, aux belles-lettres, à l'histoire de la nature et à la physique expérimentale, j'oserais presque assurer qu'avant qu'il soit cent ans, on ne comptera pas trois grands géomètres en Europe. Cette science s'arrêtera tout court, où l'auront laissée les Bernouilli, les Euler, les Maupertuis, les Clairaut, les Fontaine, les d'Alembert et les Lagrange. Ils auront passé les colonnes d'Hercule. On n'ira point au-delà [1]. »

Le pronostic scientifique de Diderot s'est assurément accompli, non-seulement par rapport aux mathématiciens, mais encore par rapport aux astronomes et à d'autres branches suffisamment cultivées de nos jours. Les grands mathématiciens et les grands astronomes ont disparu; les grands physiciens sont à la veille de disparaître et les grands chimistes les suivront de près; pendant que les grands psycho-biologistes, les grands historico-sociologistes et les grands moralistes feront une apparition triomphale. En d'autres termes, toutes les sciences s'achemineront de plus en plus vers les problèmes sociaux, dans l'ordre suivant : la Mathématique, la première de toutes les sciences, se portera vers la Mo-

---

1. Pensées sur l'interprétation de la nature, 1754. — *OEuvres philosophiques*, Paris, 1821, t. II, p. 142.]

rale, dernière des sciences; l'Astronomie vers la physique terrestre et cosmique ; la Physique et la Chimie vers l'homme et l'industrie, la Biologie vers la Sociologie et celle-ci vers la Morale qui domine et embrasse dans son vaste domaine toutes les autres sciences et l'Humanité entière.

Lorsque la hiérarchie encyclopédique sera complétement instituée, alors et seulement alors, de nouveaux grands hommes viendront occuper, dans chaque branche abstraite et concrète du savoir humain, le rang qui leur sera fortuitement assigné.

En suivant l'ordre établi par Auguste Comte dans chaque subdivision des sept sciences abstraites, d'après la spécialité croissante ou la généralité décroissante de leurs phénomènes, on peut arriver à prévoir, dès à présent, quelles sont les branches qui cesseront relativement d'être cultivées, et, quelles sont celles qui seront appelées à les remplacer. Dans les six branches fondamentales de la Physique, par exemple, les phénomènes de la pression, de la chaleur, de la lumière et du son ont été successivement étudiés dans cet ordre, et sont presque arrivés, surtout les premiers, à une précision suffisante, pour que les nouvelles études puissent maintenant se porter de préférence sur les phénomènes plus compliqués de l'électricité et du magnétisme, les moins connus. En Chimie, c'est la chimie organique qui est appelée à régner, unissant ses efforts à ceux de la Biologie en vue de l'étude du cerveau où résident les attributs de l'âme humaine, en d'autres termes les facultés actives, intellectuelles et morales de l'homme et de l'Humanité. Ainsi que dit Auguste Comte, une simple branche ou une science abstraite ou concrète ne peut être cultivée que jusqu'à la limite extrême où elle est indispensable au développement de la branche ou de la science située au-dessus d'elle. Ces limites, une fois atteintes, la science s'arrête tout court et toute tentative pour la pousser plus loin vient se briser contre une impuissante perturbation.

Condensons ce chapitre dans une conclusion mathématique. Tacite, et surtout Vico, ont comparé le développement de la civilisation à un *cercle*, autour duquel le progrès pirouette sans cesse et sans solution. C'était nous condamner à piétiner éternellement. Auguste Comte s'exprime en ces termes dans sa conclusion de la dynamique sociale : « — La Sociologie statique avait seulement déterminé le système général des asymptotes propres à l'orbite de l'Humanité, sans rien décider envers la courbe elle-même, qui pouvait diversement s'adapter à ces types fondamentaux. Mais la dynamique sociale vient de fixer le cours effectif, d'après l'explication spéciale d'un arc assez étendu pour permettre un prolongement conforme à la destination pratique d'une étude où les prévisions ne doivent jamais devenir exagérées. Ce complément consolide la théorie fondamentale, en faisant ressortir la réalité des lois qui, d'abord émanées d'un examen abstrait de notre nature, expliquent ensuite le véritable ensemble de nos destinées, etc... »

Qu'il nous soit permis à cet égard de présenter les considérations suivantes qui ne dépassent point les limites d'une hypothèse facilement vérifiable dans l'avenir. Aux cercles historiques de Tacite et de Vico, au tourbillon de la vie de Cuvier, à la circulation de la vie de Moleschott, à l'évolution de l'espèce de Darwin et d'Haeckel, à l'évolution cosmique de Lockyer et autres astronomes modernes, ajoutons l'évolution hiérarchique et historique d'Auguste Comte et voyons ce qui se passe : le milieu cosmique débute objectivement avec l'Astronomie, embrasse la Physique et termine avec la Chimie; le milieu vital débute subjectivement avec la Biologie, embrasse la Sociologie et termine avec la Morale ; dans le milieu social, les deux jalons extrêmes de cette immense chaîne, c'est-à-dire l'Astronomie et la Morale, viennent se relier subjectivement par l'intermédiaire de la Théorie des milieux ou de la Mésologie. Maintenant historiquement considérée, sous le Fétichisme, l'Humanité se relie au monde; sous le Monothéisme, le monde se relie à l'Humanité, et, sous le Positivisme, l'Humanité se relie de nouveau au monde. Le monde conduit à l'Humanité, et l'Humanité retourne au monde. De la sorte la chaîne de l'évolution scientifique et sociale se recourbe en un cercle.

Mais ce cercle n'est point mathématiquement parlant un cercle *fermé*. Nous ne pouvons mieux l'assimiler qu'au double mouvement que décrivent les ouragans ou cyclones, l'un de *rotation* sur eux-mêmes, l'autre de *translation* dans l'espace; ou si l'on veut, au double mouvement des infiniments grands, dans les astres, et des infiniments petits, dans les affinités chimiques. Semblable aux cyclones des ouragans la civilisation reste stationnaire ou recule provisoirement aux périodes de transition, par exemple comme la nôtre. Lorsque l'Humanité paraît revenir sur ses pas, elle y revient en effet, mais non au même point de départ, ni aux mêmes points de l'orbite qu'elle décrit. Elle recule d'un pas en arrière sous l'impulsion de deux pas en avant. C'est toujours le germe primitif qui se développe et grandit d'après de nouvelles mues. Enfin, on finit par faire sciemment et systématiquement ce que l'on avait fait spontanément et aveuglément. Lorsque le progrès semble reculer, il ne fait que décrire une cycloïde, qui, suivant son diamètre ou la grandeur de la perturbation, affecte seulement l'intensité du mouvement de rotation et la vitesse du mouvement de transition, sans jamais altérer profondément les conditions immuables de sa marche normale et progressive, c'est-à-dire de l'ordre universel. C'est ce qui explique pourquoi l'autorité politique ou religieuse la plus absolue n'a jamais laissé de trace profonde, uniquement, comme l'observe Comte, parce qu'elle était dirigée en sens contraire du mouvement de la civilisation contemporaine, ainsi que le démontrent les rétrogradations passagères de Julien, de Philippe II, de Napoléon Ier et autres autocrates.

Voilà comment l'évolution humaine décrit une ellipse extrêmement excentrique autour de la puissante attraction de l'Humanité, dont le mouvement en aphélie représente le passé, et en périhélie le progrès dans l'avenir... Voilà pourquoi le Positivisme retourne moralement et religieusement au Fétichisme — le berceau de l'Humanité — en substituant la loi à la cause intime, qui rend en même temps l'absolu relatif.

Dans chacune des périodes de transmission les idées anciennes opposent aux idées nouvelles une résistance qui est toujours la même ; une réaction, dit Auguste Comte, qui émane du milieu métaphysique, où nulle conviction fixe ne tempère l'orgueil et la divagation ; du milieu théologique où la rétrogradation s'efforce de perpétuer l'interrègne religieux ; du milieu savant, où l'analyse se révolte contre la synthèse.

Notre XIX° siècle se caractérise, comme toutes les périodes extrêmes de transition, par une double évolution : l'une *négative*, qui expire, mais qui se prolonge depuis le XIV° siècle ; l'autre *positive*, conséquence de l'avénement de la Philosophie positive qui vient mettre un terme à cette crise de cinq siècles. Nous atteignons ainsi la dernière période aiguë, plongés entre un monde qui expire et un autre monde qui s'enfante.

CHAPITRE IV

CE QUE NOUS SOMMES ; CE QUE NOUS ÉTIONS AU DÉBUT DU CHRISTIANISME [1].

> « Ténèbres et ordures. »
> MARC AURÈLE.

Dans le but d'opposer une barrière au régime dissolvant du parlementarisme, Auguste Comte conseilla la Dictature républicaine avec le choix d'un successeur. Napoléon III accueillit ce conseil avec faveur et constitua à son profit une dictature impériale qui, après vingt ans de durée, sombra fatalement parce que sa conception gouvernementale enrayait le progrès et n'était au fond qu'une dictature rétrograde.

---

[1]. Ce chapitre nous est entièrement personnel, sauf les passages de Comte et de Martha.

La dictature républicaine de M. Gambetta, sortie d'une seconde orgie militaire, s'est imposée par la force des circonstances. Elle n'avait pas assez de solidité et n'offrait pas assez de surface pour arrêter le flot montant du parlementarisme devenu, sous un nom nouveau et sous une forme nouvelle, encore plus dissolvant.

A la suite d'une première coalition parlementaire accomplie au nom de l'*ordre moral*, le chef qui avait sauvé la situation lors d'une période critique et maintenu l'ordre matériel au milieu du *désordre intellectuel*, est renversé. Bientôt les vainqueurs succombent à leur tour sous les efforts d'une seconde coalition, issue du... *désordre moral.* Légitimistes, orléanistes, bonapartistes, se disputent la proie gouvernementale, tandis que la France républicaine, toujours debout, les regarde impassible ! Les expédients succèdent aux expédients, le septennat personnel au septennat impersonnel, les ministères aux ministères, jusqu'à ce que, de chute en chute et de guerre lasse, le Président de la

République nomme lui-même un ministère d'*affaires* sous la vice-présidence d'un de ses généraux. Mais la discorde en arriva à rendre impossible un ministère de nature si inoffensive, et jusqu'au gouvernement qu'il représentait. La République sombrait depuis quatre ans quand *une voix*, mais une voix éloquente, la sauva du naufrage parlementaire…?

Tous ces faits sociaux, dont l'importance, au point de vue du régime positiviste, ne peut nous échapper, sont de l'histoire et de l'histoire très-contemporaine. Les penseurs habitués à lire dans l'avenir d'après les enseignements du passé et ceux de l'heure présente peuvent à bon droit se demander ce que signifient ces évolutions sociales? Pour nous, cela n'est point douteux, nous nous acheminons rapidement vers une *dictature franchement républicaine*, à travers laquelle nous atteindrons la sociocratie future sous l'impulsion du parti conservateur réformé. L'histoire nous démontre en effet qu'à chaque époque de grande crise transitoire ou révolutionnaire, les peuples n'ont trouvé leur salut que dans une dictature aristocratique au début, puis monarchique et enfin républicaine.

L'enseignement direct, la signification intrinsèque, absolue, de ces appellations diverses des partis : républicains-conservateurs, conservateurs-libéraux, légitimistes-conceptionalistes, orléanistes-ambigus, bonapartistes-plébiscitaires, *alias* socialistes-impériaux, carlistes-cabreristes, qu'est-ce autre chose qu'une indication réelle d'un rapprochement de plus en plus imminent, de plus en plus tangible du vrai régime républicain, conduisant à la *Sociocratie positive*?

Que veulent dire ces spiritualistes-rationalistes, ces métaphysiciens-organico-historico-positivistes, si ce n'est que l'on se rapproche de plus en plus du véritable *Esprit positiviste*?

Que veulent dire cette matière à la fois passive et active, inerte et pensante, cet abandon des causes premières, finales et intimes, cette relativité, cette évolution et cette filiation des phénomènes, si ce n'est que l'on se rapproche de plus en plus des *Lois positives?*

Que veulent dire ces théologiens-libéraux, ces catholiques *à gros grains*, ces vieux-catholiques-révolutionnaires, ce nouveau papisme allemand[1], cette subdivision à l'infini des sectes protestantes, cette lutte entre le protestantisme libéral et le protestantisme orthodoxe, ce dieu impersonnel et incognoscible, ce Dieu-homme, ce culte de la Vierge et du Sacré-Cœur de Jésus, ce culte de la Déesse des croisés, qui devient le culte virginal des Jésuites, ce culte des morts, cette unité et cette foi démontrables, partout recherchées, qu'est-ce, si ce n'est que l'on se rapproche de plus en plus de la transsubstantiation de la religion chrétienne en *Religion de l'Humanité*, en religion positive et démontrée?

---

1. La nouvelle entreprise du prince de Bismarck contre la curie romaine et la hiérarchie catholique, doit aboutir à la séparation de l'Église et de l'État, base de la réorganisation sociale.

Que veulent dire ces nombreux congrès internationaux, scientifiques et politiques qui embrassent déjà les questions sociales et humanitaires, la guerre et la paix, ces expositions universelles, industrielles et scientifiques, ces corporations protectrices de l'homme et des animaux, ces fêtes commerciales, ces commémorations centenaires des grands génies, si ce n'est que nous nous rapprochons de plus en plus de la *Fraternité universelle?*

D'un autre côté, si l'on suit la marche de l'évolution de la philosophie scolastique, on la voit, après la chute du moyen âge, devenir graduellement mystique, idéaliste, spiritualiste, rationaliste, sensualiste, panthéiste, naturaliste, déiste, empirique, sceptique, matérialiste, athée, éclectique, psychologique, organique, historique, universelle, positive et finalement *Humanitaire.* Si maintenant nous suivons la philosophie en Allemagne, sa moderne patrie d'adoption, nous la voyons passer successivement du panthéisme ontologique de Hobbes et du panthéisme cartésien de Spinoza à la synthèse subjective de Leibnitz, au criticisme organique de Kant, au naturalisme de Schelling, au scepticisme de Krug, au matérialisme d'Oken, à l'athéisme de Feuerbach, au psychologisme d'Eschenmayer, à l'anthropologisme de Steffens, à l'universalisme de Klein et finalement à l'*Humanitarisme* de Lessing, de Herder, d'Hegel et de Stutzmann, etc.; se montrant ainsi de plus en plus fidèle à la Nature et à l'Humanité, au sein d'une nation qui représente par excellence et dogmatiquement la doctrine du transcendentalisme. Nous voilà bien loin du nominalisme, du réalisme et du conceptualisme de Roscelin, de Guillaume et d'Abélard.

Il ne faut pas se le dissimuler : la pensée moderne, qu'on la prenne dans les hautes aussi bien que dans les dernières couches sociales, s'incarne dans le matérialisme et l'athéisme. La science et la philosophie en font foi. L'Allemagne y est entièrement et inconsciemment plongée. De là cette philosophie nouvelle de *l'inconscient* qui conduit aujourd'hui Hartmann[1] au pessimisme et au nihilisme le plus déplorable, tout en s'efforçant de concilier Hegel et Schopenhauer, l'optimisme et le pessimisme ; tout en se proclamant disciple de Schelling et en se rattachant à l'école romantique ; tout en professant que le mal l'emporte sur le bien et en aspirant à l'anéantissement de l'être comme le seul remède de la souffrance. C'est en un mot une nouvelle acclimatation de l'éclectisme, qui fut si funeste à la France sous Victor Cousin ; mais qui est en même temps, aux périodes de transition, le signe le plus certain de la décadence des vieilles philosophies.

Ceci signifie encore que l'on se rapproche de plus en plus de la *Philosophie positive* démontrée et humanitaire, la seule qui puisse mettre fin à cette perturbation mentale que nous venons de signaler.

Aujourd'hui que l'on ne sait pas plus ce que l'on est que ce que l'on veut, il devient

---

1. Sa *Philosophie v. Unbewussten*, publiée à Berlin en 1869, avait atteint en 1873 la cinquième édition.

aussi impossible de s'entendre sur quoi que ce soit et avec qui que ce soit que d'exprimer ses pensées toujours fluctuantes. Un malaise général s'est emparé de notre société, rongée par *l'ennui* qui gagne et s'étend de proche en proche. Par suite de l'infaillibilité personnelle, l'orgueil s'alliant à la vanité, on a produit la maladie révolutionnaire qu'Auguste Comte appelle l'*orgueillo-vanitite*. « Graduellement développée par le protestantisme, le déisme, et le scepticisme, ajoute ce penseur, la maladie occidentale consiste dans une révolte continue de la raison individuelle contre l'ensemble des antécédents humains. Résultée de la décadence nécessaire des croyances propres au moyen âge, elle a pour siége primitif la région spéculative du cerveau. Mais sa principale gravité provient de son extension spontanée à la région affective, en surexcitant l'orgueil et la vanité, tandis qu'elle comprime la vénération, et, par suite, les deux autres instincts sympathiques. Développant à la fois la présomption intérieure et la défiance extérieure, elle a pour résultats caractéristiques, dans les trois parties du cerveau, l'ennui, le doute et l'irrésolution, que la foi positive fait seule cesser. » Pour combattre ce mal, notre égoïsme révoltant et immoral n'a su trouver d'autre remède que cette sèche formule : *Chacun pour soi, chacun chez soi*, disait feu M. le procureur général Dupin, membre de l'Institut et mort sénateur de l'Empire, à laquelle le vulgaire ajoute : *Dieu pour tous*.

Pour retrouver dans l'histoire une époque de crise aiguë analogue à la nôtre, il faut remonter jusqu'aux premiers siècles de l'ère chrétienne. La crise intellectuo-morale que nous traversons, émanée de la crise religieuse, a son point de départ à la chute de la civilisation catholico-féodale. L'étude comparative des faits sociaux nous démontre qu'à égalité d'institutions, notre XIXe siècle n'est que la reproduction des premiers siècles de notre ère, qui furent aussi une période de transition. A cette époque, le Paganisme expirait et le Christianisme commençait à fleurir, tandis qu'au xixe siècle l'HUMANITARISME triomphant va remplacer le Christianisme agonisant.

Que se passait-il au début de notre ère ? La religion était restée immobile, pendant que la morale humaine faisait sans cesse des progrès. Dès lors les hommes avaient le droit de se croire meilleurs que les Dieux. Les mêmes crimes sanctionnés par les divinités étaient condamnés par les philosophes et les lois. Lucien nous a peint dans son *Ménippe* l'embarras où se trouvait un homme qui ne sait s'il doit suivre les lois ou la religion. Bien avant, les dieux du paganisme avaient été livrés au ridicule par des poëtes et des philosophes. Aristophane ne se faisait pas scrupule de prêter sur le théâtre un rôle ignoble, honteux ou risible à quelques dieux de second ordre, à Bacchus, par exemple. Mais la superstition imposait le respect envers les maîtres de l'Olympe. Euripide fut forcé par les spectateurs de rétracter sur la scène une parole malsonnante, prononcée contre Jupiter, tandis qu'ils applaudissaient à bien des impiétés du poëte philosophe. A Rome, comme en Grèce, vers la fin de la République et sous les empereurs les esprits cultivés ne croyaient plus à la fable. Les politiques eux-mêmes, qui considéraient la religion comme le plus ferme appui de l'État, ne craignaient pas de faire quelquefois les esprits forts et de se moquer des superstitions les plus utiles. Témoin le mot de Caton sur les aruspices, les plaisanteries de Cicéron et les attaques de Lucrèce et de Sénèque. Les hommes d'esprit et les philosophes, sans honorer les dieux, les laissaient en repos et n'empêchaient pas les simples de leur offrir leurs hommages et leurs sacrifices. La politique leur faisait respecter les rites sacrés, et les courtisans étaient trop bien avisés pour médire de l'Olympe, depuis que l'apothéose y plaçait les empereurs. Les esprits rejetant avec mépris tout ce qui les avait jusque-là charmés en vinrent jusqu'à répudier la gloire du paganisme;

prenant en dégoût la poésie et la science dont ils s'étaient enivrés, ils travaillèrent à renverser ses plus belles doctrines. Après avoir essayé pendant longtemps de combattre l'indifférence ou la corruption, la société grecque et la société romaine en étaient arrivés à ne plus rien attendre ni de leur religion ni de leur philosophie. Les généreux efforts des Sénèque, des Perse, des Épictète, des Marc-Aurèle, des Dion Chrysostome, des Juvénal, des Lucien et de tant d'autres vinrent se briser contre l'indifférence générale, par la raison qu'on n'avait plus confiance en des doctrines qu'on jugeait épuisées. La foule n'y tenait plus et les beaux esprits ne cherchaient à les connaître le plus souvent que pour les ridiculiser. Tandis que la multitude ignorante et grossière tournait le dos aux doctrines des anciens sages, entraînée par un secret instinct, elle courait en aveugle au-devant de toutes les superstitions venues de la Perse, de la Chaldée et de l'Égypte; les hommes cultivés, sans souci de l'avenir, s'amusaient à railler le passé, en dépit des nobles efforts de Plutarque pour réhabiliter l'antiquité grecque. La superstition avait fini par remplacer la foi antique. Enfin, il vint un moment où le philosophe empereur Marc-Aurèle, placé pour juger le monde de haut, désespère et demande à mourir pour n'avoir point à rester plus longtemps *dans ces ténèbres et ces ordures* [1].

N'est-ce pas là le tableau fidèle de notre époque, avec son incrédulité, son inconscience, son hypocrisie, sa superstition, son irréligiosité, sa foi qui s'en va, son impuissance philosophique, scientifique et politique, jusqu'à son immobilité religieuse confirmée par le *non possumus* de l'infaillibilité papiste, par l'*Encyclique*, par le *Syllabus*, par l'anathème lancé contre la loi du progrès?

La belle unité catholique et le majestueux édifice de la papauté se trouvent sapés jusqu'en leurs antiques fondements. Après la

---

[1]. Constant Martha, *les Moralistes sous l'empire romain*, Paris, 1872, p. 383.

scission du protestantisme, c'est la séparation du giron de la sainte Église catholique, apostolique et romaine des vieux catholiques de l'Allemagne, de la Suisse et de la Sicile sous l'impulsion des chefs Döllinger, Petri et autres; c'est la protestation énergique mais négative de l'école libérale de l'ex-père Hyacinthe; c'est la papauté elle-même régentée par le jésuitisme dégénéré qui la sauva jadis et qui doit disparaître avec elle, attendu qu'il constitue la dernière forme du théologisme, sous l'hypocrisie oppressive et dégradante de l'*Ultramontanisme*.

Quand le grand parti Conservateur triomphait sous la Restauration, on se demandait « quelle pourrait être la religion destinée à remplacer le Christianisme expirant? » De Maistre, le profond philosophe catholique, y avait déjà répondu dans ses *Considérations sur la France* : « Je suis si persuadé des vérités que je défends, que lorsque je considère l'affaiblissement général des principes moraux, la divergence des opinions, l'ébranlement des souverainetés qui manquent de base, l'immensité de nos besoins et l'inanité de nos moyens, il me semble que tout vrai philosophe doit opter entre ces deux hypothèses, ou *qu'il va se former une nouvelle religion,* ou que le Christianisme sera rajeuni de quelque manière extraordinaire [1]. »

Eh bien, interrogez aujourd'hui les directeurs du Catholicisme, et ceux-ci vous diront du haut de leurs cent mille chaires que la *Foi Chrétienne s'en va, hélas!*

Interrogez ensuite Auguste Comte et celui-ci vous démontrera que la Philosophie positive enfante la Religion de l'Humanité.

---

[1]. Voir la réponse du Dr Audiffrent : *Des maladies du cerveau et de l'innervation.* Paris, 1875, p. 11.

TROISIÈME PARTIE

CHAPITRE PREMIER.

LE SPIRITUALISME ET LE MATÉRIALISME NÉGATIFS

> « En instituant le dualisme entre le corps et le cerveau, le Positivisme surmonte à la fois le matérialisme et le spiritualisme. »
> A. COMTE.

Philosophiquement considéré, le *Spiritualisme* n'est qu'une doctrine qui s'efforce de tout rattacher à l'esprit, tandis que le *Matérialisme* rapporte tout à la matière.

Tant que la recherche des causes premières et finales a prévalu sur celle des lois effectives, l'esprit et la matière sont restés une énigme pour les théologiens, les métaphysiciens et les savants. Mais, au contraire, dès que la découverte des lois eut fait sentir l'impuissance des causes intimes, l'esprit et la matière se sont de suite révélés à notre intelligence, ce qui fait que ces qualifications philosophiques tombent aujourd'hui d'elles-mêmes en désuétude devant la réalité des lois physiques, intellectuelles, et morales, toujours démontrables.

Depuis la simple existence mathématique, surtout sensible en astronomie, jusqu'à la pleine existence humaine, on peut, selon Auguste Comte, construire une immense série, où chaque terme est à la fois plus particulier, plus compliqué, plus éminent que tous les précédents. Cette hiérarchie permet d'apprécier la dignité croissante des études positives, au fur et à mesure que l'objet qui les détermine devient moins *matériel* et plus humain ; elle systématise le noble préjugé, qui, avec juste raison, flétrit, sous le titre de *matérialisme*, la tendance spontanée des sciences inférieures à dominer et à absorber les sciences supérieures au nom de la méthode déductive. Cette usurpation apparaît, d'autant plus inévitable, qu'elle repose sur la dépendance des phénomènes les moins généraux envers les plus généraux. Il résulte de ce fait même une légitime influence déductive par le moyen de laquelle chaque science participe à l'évolution continue de la science suivante, dont les inductions spéciales ne pourraient acquérir autrement une suffisante rationalité. Il s'ensuit que l'empiétement des sciences inférieures dans le domaine des sciences supérieures est ce qui constitue le vrai caractère du *matérialisme*. Par conséquent, le matérialisme consiste dans la subordination du relatif à l'absolu, de l'abstrait au concret, du général au particulier, de la matière à l'esprit, du monde à l'Humanité, etc.

A cet égard, tous les savants, toutes les sciences et toutes leurs branches respectives se trouvent plus ou moins sous la domination du matérialisme contemporain, voire même les mathématiques qui semblent échapper à sa dépendance. On reconnaît autant de matérialisme dans la tendance des mathématiciens à absorber la géométrie ou la mécanique par le calcul, que dans l'usurpation plus prononcée de la physique par la mathématique, ou de la chimie par la physique, de la biologie par la chimie, et enfin, dans la disposition des biologistes à concevoir la science sociale comme un simple corollaire ou appendice de la leur; à tout expliquer en sociologie par des influences purement secondaires de climat ou de race, méconnaissant les lois fondamentales qui peuvent seules dévoiler une combinaison directe des inductions historiques. C'est partout le même vice radical, l'abus de la logique déductive et l'imminente désorganisation des études supérieures sous l'aveugle domination des inférieures.

Jusqu'ici le mal n'a été que partiellement contenu par la résistance spontanée de l'esprit théologico-métaphysique qui, bien qu'insuffisante, constitue ce que l'on appelle le *spiritualisme*. Mais le spiritualisme dépourvu de démonstrations palpables s'est toujours montré impuissant à empêcher l'énergique ascension du matérialisme ainsi investi, aux yeux de la raison moderne, d'un certain caractère progressif par sa liaison prolongée avec l'insurrection de l'Humanité contre un régime devenu rétrograde. Le matérialisme sociologique nuit également à la vraie politique dont il combat le principe fondamental, qui consiste dans la division des pouvoirs en spirituel et en temporel, en disposant les esprits à le méconnaître. La mission du Positivisme est, au contraire, de rétablir cette admirable division politique du moyen âge sur des bases solides, de manière à la rendre inaltérable. En instituant le dualisme entre le corps et le cerveau, le Positivisme surmonte à la fois le matérialisme et le spiritualisme dont les prétentions légitimes se trouvent ainsi conciliées sans aucune consécration de leurs vices respectifs. Le Positivisme montre par là qu'il n'est pas moins radicalement opposé au matérialisme par sa destination politique que par son caractère philosophique. En satisfaisant à ce qu'il y a de légitime dans les prétentions opposées du matérialisme et du spiritualisme, le

Positivisme les écarte irrévocablement, le premier comme *anarchique*, le second comme *rétrograde*. Ce double service découle de la fondation de la vraie hiérarchie encyclopédique, qui assure à chaque étude son libre essor inductif, sans altérer sa subordination déductive.

Tels sont les principes de la Philosophie positive sur cette question capitale que nous traiterons à fond dans notre trente-unième Monographie. Nous exposerons les efforts qu'Auguste Comte a faits, dans sa *Synthèse subjective*, pour déraciner à sa véritable source, le matérialisme théorique, que le positivisme peut seul juger et surmonter. Il examine les trois modes, algébrique, géométrique et mécanique, propres au matérialisme mathématique, moins actif mais plus tenace que le matérialisme médical. Malgré cet effort continu de Comte pour déraciner le matérialisme sous toutes ses formes, on continuera certainement à nous taxer de matérialistes, comme on nous taxe aussi d'athées. Comte avait tellement prévu cette inconséquence et cette injustice, qu'il ajoute: « La malveillance et la déloyauté des déclamateurs métaphysiques me sont tellement connues que j'attends de nouvelles calomnies en retour de ce service. Un de leurs coryphées assista, pendant mon cours public de 1850 au Palais-Cardinal, à la leçon directement consacrée au jugement systématique du matérialisme ; ce qui ne l'empêcha pas, quelques semaines après, de reproduire les diatribes convenues. »

Virey nous donne la mesure des raisons banales alléguées par les philosophes et les savants pour se défendre d'une accusation parfaitement méritée, lorsqu'il nous dit : « Si le matérialisme ne fait pas nécessairement de malhonnêtes gens, du moins il devient la justification de tous les vices et de tous les crimes ! » Quels sont, grand Dieu ! les vices et les crimes des malhonnêtes gens ? Bernardin de Saint-Pierre se charge de donner pour nous la réplique aux paroles que nous venons de citer et renvoie dos à dos matérialistes et métaphysiciens en les taxant d'incapacité. « Il n'y a point d'homme plus près du matérialisme que le métaphysicien, parce que l'analyse qui l'égare est née de l'orgueil et de la faiblesse de l'esprit humain. »

CHAPITRE II

LE THÉISME, LE DÉISME ET L'ATHÉISME
NÉGATIFS.

> « La nature marque partout un Dieu perdu, et dans l'homme, et hors de l'homme. »
> PASCAL.

On accuse les positivistes d'athéisme ; nous avons deux mots à répondre sur cette délicate question de conscience. L'histoire nous démontre, d'une manière irréfutable, que toutes les formes imaginables de religion se réduisent à des synthèses sur l'homme et sur le monde. La religion, primitivement *spontanée*, dut devenir *révélée* pour finir par être *démontrée*. On débute par chercher le Créateur, le moteur de l'univers, dans un monde réel, la matière (le Fétichisme); puis dans un monde fictif, les Dieux (le Polythéisme et le Monothéisme) ; ensuite dans un monde imaginaire, la conscience inconsciente (la Métaphysique) ; on le promène ainsi de chose en chose et de siècle en siècle, jusqu'à ce qu'un beau jour on découvre, émerveillé, que nous étions les créateurs de nos propres conceptions subjectives et les moteurs de nos propres actes objectifs, accumulés et transmis de générations en générations et fixés par l'hérédité (le Positivisme). Nous étions niaisement victimes d'un grossier *anthropomorphisme*, ainsi que le fondateur de l'école d'Élée, Xénophanes de Colophon, l'avait déjà pressenti 600 ans avant notre ère. Nous avions simplement créé des dieux à notre image, tout en croyant être créé à l'image de Dieu. Le profond Pascal eut un pressentiment analogue quand, il y a deux siècles, il s'écria : « La nature marque partout un Dieu perdu, et dans l'homme, et hors de l'homme. »

Est-ce à dire que les positivistes avec

Pascal soient des athées ? Théistes, déistes et athées ! l'histoire nous prouve que tout cela ce ne sont que des mots vides de sens, aujourd'hui également perturbateurs, qui révèlent l'évolution de la pensée à la recherche de la Religion de l'Humanité ! Il suffit d'appeler l'attention sur l'esprit de l'évolution et de la filiation de ces trois dénominations, pour voir que le déisme de la petite école littéraire et révolutionnaire de Voltaire et du xviiie siècle nous conduit en ligne droite au matérialisme scientifique du xixe siècle.

Les positivistes ne nient ni n'affirment rien à l'égard de questions où l'on ne peut rien nier ni affirmer. Car, les causes intimes premières et finales sont irrévocablement hors de la portée de notre faible intelligence humaine. Voilà ce que les positivistes affirment. S'il y a un créateur de l'univers, ce n'est pas certes celui que nous croyons connaître théologiquement ou métaphysiquement ; pas plus que ses desseins providentiels sur la création et envers l'Humanité ne sont ceux que nous lui attribuons. C'est ce que l'histoire et la science nous disent encore ; c'est ce que nous voyons se confirmer journellement d'après la fameuse doctrine des *causes finales,* démentie à chaque découverte scientifique dans toutes les branches du savoir humain. Démentie en Astronomie, depuis le coup mortel que lui porta la doctrine copernicienne, la cause finale est donc aujourd'hui réduite à la *condition d'existence* des corps inorganiques et organiques.

S'il y a un créateur qui ait soumis l'univers à des lois régulatrices et immutables, il n'est plus en son pouvoir de les modifier en quoi que ce soit, sous peine d'anéantir sa propre création. Nous répétons avec Ferdinand Eenens : « qu'en mettant un dieu personnel aux prises avec la création et l'administration de l'univers sans limite, on rencontre partout les plus palpables impossibilités. Si l'on conserve l'idée de personne, on perd l'idée d'univers ; si l'on conserve l'idée d'univers, l'on perd l'idée de personne [1]. »

---

[1]. Le Dieu personnel. Bruxelles, 1869.

Comment un Dieu personnel pourrait-il, à la fois, condescendre à la prière qu'on lui ferait de déchaîner la tempête sur un voisin, tandis que ce même voisin l'adjurerait, au contraire, de la faire rentrer dans le néant au détriment d'un troisième? Ne serait-ce pas le chaos mental du créateur et le chaos physique de l'univers? Si l'on prétend admettre un créateur infiniment puissant, sage et justicier, il faut commencer par lui rendre l'hommage de la justice infinie qui lui est due. La doctrine scolastique, sous l'impulsion de la métaphysique, avait déjà assujetti l'action du moteur suprême à des lois invariables, qu'il aurait primitivement établies en s'interdisant de jamais les changer.

La prétention théologico-métaphysique de pénétrer les profondeurs, de sonder les mystères augustes du créateur n'est-elle pas un attentat aussi insensé, aussi présomptueux qu'humiliant pour la majesté d'un Dieu? Le profond respect, que sa grandeur doit nous inspirer, ne devrait-il pas, au contraire, nous convaincre que son essence divine nous sera éternellement cachée ? Mais s'il en était ainsi, nous, chétifs mortels, nous serions des Dieux ! Les théologiens, au moins, font profession d'humilité, mais les métaphysiciens, qui se drapent d'une profondeur telle, qu'eux-mêmes ne se reconnaissent plus, qui s'érigent en *magister dixit*, que diraient ces nouveaux Atlas du syllogisme, si, d'après le principe d'*égalité* qu'ils ont inventé, le premier venu osait pénétrer leur essence ? Platon disait quatre cents ans avant Jésus-Christ : « Les recherches sur la nature des choses et sur la nature des Dieux ne sont pas de celles qu'on peut espérer de faire comprendre à tous les esprits. » Qu'en savait ce sage ? Qu'en savent, aujourd'hui, nos théologiens et nos métaphysiciens ?

Ainsi, le théisme philosophique, le déisme révolutionnaire et l'athéisme scientifique ne sont au fond que des doctrines purement métaphysiques. Lorsque l'athéisme nie Dieu, il explique l'essence, le commencement et la fin des choses, à l'aide d'hypothèses toujours indémontrables, telles que le jeu des atomes, le hasard, une force occulte qu'il appelle Nature, etc., identique, en cela, au matérialisme d'où il émane. En résumé, la morale de cette doctrine négative est le régime de l'égoïsme. Le Positivisme, au contraire, ne fonde aucune théorie sur la négation de Dieu : « trouvant cette grande et antique conception dans le champ de l'histoire, dit le docteur Robinet, il la consacre et l'explique comme un des plus grands phénomènes intellectuels qui aient influé sur la marche de l'humanité. » Comme dit Auguste Comte : « On doit désormais reléguer au dernier rang des théologistes, les déistes, les panthéistes et les athées, qui, non moins incapables de rallier que de régler, ne purent jamais former d'église et perdirent tout office après le siècle de la démolition. »

Les âmes vraiment religieuses devraient donc reconnaître que, tandis que les théologiens et les métaphysiciens livrent, sans frein, au caprice de leur conscience ou à l'intérêt personnel, l'organisation et le fonctionnement de la création, les positivistes proclament la régularité immutable des rouages que nous admirons dans les lois qui nous régissent. Pour celles qui croient en Dieu, quoi de plus imposant que la majesté de notre fatalité scientifique! Et, lorsqu'elles sont bien trempées, ne se sentent-elles pas grandir, en voyant leur existence et leur destinée confiées à leurs propres ressources? Laissons les petits d'esprit implorer l'appui des supérieurs; les égoïstes, les parasites! Ne cherchons point la *Providence* hors de nous-même, et sachons la mettre raisonnablement à profit. Accomplissons sur terre nos devoirs sociaux les uns envers les autres; ayons la conscience nette; l'éternité se chargera de régler notre avenir subjectif. N'oublions pas enfin que le monothéisme et surtout le catholicisme ont initié l'ère de l'Humanitarisme que nous professons systématiquement.

Concluons avec Comte que les athées et les panthéistes, qui parodient la positivité, sont, au fond, les derniers représentants de l'esprit théologique. « Devenus, sans aucune excuse sociale, les plus inconséquents organes du régime des causes, ils constituent la recherche de l'absolu, tout en proscrivant l'unique solution qu'elle permît. Ils dénaturent profondément la synthèse initiale, en lui faisant perdre son heureuse subjectivité, pour la rendre vainement objective, d'après leur matérialisme caractéristique, qui s'efforce d'expliquer la nature morale par le monde physique, en abusant de la vraie subordination encyclopédique. Les fétichistes, actuellement, auraient trop d'avantages s'ils comparaient leurs naïves théories aux ténébreuses rêveries de ces orgueilleux docteurs [1]. »

1. *Politique positive*, Paris, 1853, t. III, p. 91.

CHAPITRE III

LE FÉTICHISME POSITIF.

> « Il faut incorporer le Fétichisme à la Religion de l'Humanité, en subordonnant les volontés aux lois. »
>
> A. COMTE.

Des esprits prévenus ou malveillants ont imputé à Auguste Comte d'avoir *fétiché* le positivisme. M. P. Laffitte a victorieusement réfuté, dans son cours de philosophie positive, cette irrationnelle appréciation. On trouve dans la seconde édition du *Catéchisme positiviste* d'Auguste Comte quelques considérations de M. Laffitte, que nous allons condenser et compléter.

Le fétichisme s'est toujours spontanémen conservé dans la *raison concrète* qui apprécie les êtres, quelles que soient les doctrines dominant la *raison abstraite* qui recherchent les lois des phénomènes. De là un profond défaut d'harmonie dans la mentalité humaine. A partir du milieu du xviiie siècle et au moment de l'épuisement final du théologisme en Occident, un mouvement croissant de retour vers le fétichisme s'est manifesté dans les esprits cultivés.

Ce mouvement a été d'abord apparent dans la langue elle-même, et, malgré les réfutations des critiques, des expressions fétichistes ont été universellement adoptées. Le retour vers le fétichisme est surtout sensible chez Diderot. J.-J. Rousseau lui imprima une forte impulsion qui constitue le principal titre de ce célèbre sophiste. A partir du commencement du xixe siècle, ce mouvement s'est accentué : Chateaubriand, Lamartine, Victor Hugo, etc., en ont été les représentants. Cette évolution n'a pas été particulière à la France ; l'Angleterre y a fortement contribué, et les lakistes en offrent un spécimen éminent ; l'Allemagne, elle aussi, y a contribué à sa manière. Tous les autres arts ont été entraînés dans cette évolution, et l'école de nos paysagistes en est un monument remarquable. Il y a plus, la philosophie n'a pas été étrangère à cette révolution, car, sous le nom de panthéisme, de naturalisme, etc., le fétichisme a pénétré dans le domaine des spéculations les plus abstraites. Ainsi, au moment où Auguste Comte complétait sa *Synthèse universelle*, le fétichisme conservait, dans la raison concrète, une place capitale, et, depuis un siècle, il avait conquis dans la raison abstraite une importance croissante dans les œuvres des poëtes, des peintres, des musiciens et même des philosophes.

« Le Fétichisme, dit M. Laffitte dans ses *Grands types de l'Humanité*, est si profondément enraciné dans les cerveaux humains, qu'après toutes les transitions imaginables et dans l'état le plus positif, l'homme y est sans cesse entraîné : sous l'influence de la passion la plus légère, il redevient tout fétichique; il interpelle les choses, il les injurie, il les brise même si elles n'ont point répondu à son attente; il les rend responsables de ses propres fautes; il leur accorde son intelligence et sa passion. »

Auguste Comte a donc cru qu'un tel état de choses représentait par sa persistance une condition fatale de notre nature, et, suivant le véritable esprit scientifique, il a régularisé le phénomène au lieu de le nier. Il a alors *incorporé le fétichisme à la religion de l'Humanité, en subordonnant les volontés aux lois.* Pour des esprits positivistes, qui savent que la conduite réelle des choses repose sur la connaissance des lois de similitude et de succession, il n'y a là nul inconvénient. D'autre part, les avantages moraux et intellectuels qui nous entraînent à animer la Nature sont d'une portée transcendante. « Ce serait supprimer l'art, ajoute M. Laffitte, et les plus admirables excitants des plus nobles sentiments que de repousser cette incorporation. Un peuple sera bien bas le jour où le sol de la patrie ne sera plus vraiment aimé par lui, et lorsque les dépouilles de nos pères ne seront plus à ses yeux que de simples détritus chimiques. Nos soldats républicains, qui ne croyaient pas en Dieu, n'en mouraient pas moins pour défendre le drapeau, signe sacré de la Patrie. »

« Mais qu'avons-nous donc vu pendant le siége, chez nos Parisiens athées? dit encore M. Laffitte. Qui ne se souvient de ce concours immense du peuple de Paris sur cette place de la Concorde, autour de la statue de Strasbourg, la ville martyrisée ; qui n'a vu ce long voile de deuil placé sur sa figure, ces drapeaux chargés de crêpes funèbres, ces couronnes d'immortelles amoncelées? Qui n'a entendu ces discours empreints d'un caractère vraiment religieux, religieusement accueillis; qui n'a senti vibrer en cette foule les sentiments les plus élevés de l'âme humaine, la pitié profonde pour la pauvre cité expirante, l'amour de la patrie menacée?...[1] »

Comment Auguste Comte a-t-il incor-

---

[1]. *Les Grands Types de l'Humanité*, etc., Paris, 1874, p. 17.

poré ce sentiment d'abord spontané? En le systématisant : « La terre, siége nécessaire de l'Humanité, a été conçue par lui, d'après une fiction aussi morale qu'esthétique, comme à la fois *active* et *bienveillante;* elle sera, comme la Patrie, l'objet sacré de notre affection. Ce n'était pas encore assez. La systématisation de l'Humanité repose sur la connaissance des lois abstraites. Or, les lois relatives au monde inorganique manquent de *siége.* De là, une cause nécessaire de faiblesse dans les méditations abstraites, indispensables à l'état normal, et ainsi privées de l'excitant fétichique. Auguste Comte a remédié à cet inconvénient par une puissante construction logique, qui n'est que la généralisation de *l'*institution de l'*Espace,* qui sert de base à la géométrie et à la mécanique. Pour penser aux *formes* et aux *mouvements,* indépendamment des corps (condition de toute Science abstraite), les géomètres ont imaginé l'*espace.* Cela revient à concevoir le milieu aérien comme réduit à un *minimum* de densité tel, qu'on puisse lui donner toutes les formes possibles et y concevoir tous les mouvements imaginables. Or, au lieu de regarder l'*espace* comme le siége unique des formes et des mouvements, on doit, d'après A. Comte, le considérer comme le siége de toutes les lois abstraites relatives au monde inorganique, et même comme le siége des formes des êtres végétaux et animaux. Mais ceux qui comprennent la difficulté et l'importance croissante de la raison abstraite concevront comment Auguste Comte a dû étendre jusque-là l'*incorporation fétichique,* afin de prêter à la méditation abstraite le puissant appui du sentiment [1]. Aussi a-t-il

---

1. Le procédé de la *crémation,* récemment proposé par sir Hervey Thompson et déjà accueilli par plusieurs nations, serait religieusement destiné à nous ramener au culte esthétique des morts, base de la famille, et dont nos ancêtres fétichiques ont été les créateurs. Bientôt nos cendres, respectueusement conservées dans des urnes artistiques, deviendront pour nous des fétiches domestiques et concrets, destinés à développer le sentiment de la continuité dans la famille. Ce procédé n'exclura point, comme nous le démontrerons, l'institution sociale du Cimetière, qui développe le sentiment de la continuité dans la cité et dans l'Humanité, et où le culte public idéalisera la consécration de la tombe d'après l'inspiration abstraite des morts, c'est-à-dire d'après l'expression du passé. C'est ainsi que la raison concrète se liera à la raison abstraite dans toute la pureté de nos affections d'outre-tombe.

complété la construction logique de l'*espace* en le douant de la couleur positiviste, c'est-à-dire en y figurant des empreintes vertes sur un fond blanc. Enfin, il a conçu le siége immobile de la raison abstraite comme bienveillant, de manière à nous permettre envers lui ce profond sentiment d'affection qui donne une si haute valeur morale à l'amour sacré du sol natal [1]. »

Le voilà ce *Grand-Fétiche* (la Terre), ce *Grand-Milieu* (le Ciel), que le positivisme associe au *Grand-Être* (l'Humanité); le voilà ce mysticisme-positiviste, ce que l'on s'est plu à appeler la *folie* d'Auguste Comte.

M. Ch. Lévêque, membre de l'Institut, s'exprimait ainsi, en 1867, dans son cours au collége de France : « Assurément, si le mysticisme vient à renaître, il aura des caractères nouveaux, comme la Société qui l'aura enfanté et à laquelle il tâchera de plaire. Attendez-vous, de ce côté, à quelque

1. *Catéchisme positiviste* d'Auguste Comte. Paris, 1874, p. 289-302.

chose d'original. Il y a peu d'années, le positivisme produisit, sous la plume d'Auguste Comte, une religion qui divinisait l'Humanité. Aujourd'hui, un dieu égal à l'homme paraîtrait trop grand et surtout trop déterminé. La tendance actuelle est de nier Dieu, pour diviniser la nature. Encore quelque temps, et la nature aura ses adorateurs, ses autels, ses prêtres, ses mystiques, ses thaumaturges. Ou je suis bien trompé, ou cette revanche singulière n'aura pas manqué au sentiment religieux [1]. »

Le pressentiment de M. Lévêque était juste, mais la tendance à diviniser l'homme et la nature n'est ni une revanche, ni une singularité qui date d'aujourd'hui. C'est une évolution lente, comme toutes celles de l'Humanité. Le culte de l'Humanité que le positivisme invoque, par des raisons qu'il justifie pleinement, a débuté au moyen âge, sous l'inspiration de la chevalerie, par le culte de la femme. Pour instituer le culte du sexe aimant, il fallait que la maternité

---

1. *Revue des cours littéraires*, 14 décembre 1867, p. 1ʳᵉ 3.

ne fût point incompatible avec la pureté.
C'est pourquoi la chevalerie développa la fiction catholique de la Vierge-Mère où l'idéalité suppléait à la réalité. Mais il suffit de comparer l'essor occidental de ce type mystique de la femme à son avortement byzantin, malgré l'identité dogmatique, pour sentir combien il fut dû davantage à la tendresse féodale qu'à la foi chrétienne. Déjà, dans le culte des croisés, on voit apparaître le germe de l'épuisement du monothéisme européen lorsque la Vierge tend à remplacer Dieu, qu'elle a radicalement supplanté chez les catholiques méridionaux. Cet antagonisme devient plus marquant à mesure que l'avénement social du mystère féminin coïncide avec la décadence mentale du sacrement de l'Eucharistie, qui résume le catholicisme de saint Paul dans son culte, son dogme, et même son régime. C'est ainsi que, depuis le XIIe siècle, la Vierge obtint, surtout en Espagne et en Italie, un ascendant croissant, que saint Bernard s'efforça de systématiser, et contre lequel le sacer-

doce a réclamé en vain, ayant été souvent forcé de le sanctionner, pour conserver sa propre popularité. Enfin, l'éminent fondateur de la Compagnie de Jésus, le jésuitisme moderne (dans sa noble tentative pour régénérer la papauté, dont l'office spirituel était devenu vacant depuis sa transformation temporelle), dut s'annoncer au XVIe siècle comme le défenseur à la fois du catholicisme et de l'adoration de la Vierge. Or, cette suave création esthétique ne pouvait attirer une adoration privilégiée sans altérer radicalement le culte d'où elle a surgi. Sa fonction était donc de servir d'intermédiaire entre le régime moral et fictif de nos ancêtres et le régime moral et réel de nos descendants, en se transformant graduellement en adoration universelle de l'Humanité, dont le culte de la Vierge-Mère n'est au fond que le préambule spontané. La conséquence fortuite de cette évolution fatale est la substitution finale de l'amour de l'Humanité à l'amour de Dieu, d'après la suprématie de la morale démontrée sur la morale soi-disant révélée. Tels sont les faits historiques que nous signale Auguste Comte et que nous développerons dans notre seizième Monographie.

Maintenant l'adoration de la Nature a pris naissance, sous la forme qu'elle tend à revêtir aujourd'hui, dès le xviie siècle, sous l'impulsion de Hobbes, le chef de la philosophie révolutionnaire, dernière phase de la métaphysique négative. Pour l'explication absolue des phénomènes physiques et moraux, Hobbes remplaça l'ancienne intervention surnaturelle par le jeu équivalent des entités métaphysiques, graduellement concentrées dans la grande entité générale de la *Nature,* ainsi substituée au Créateur ; mais avec un caractère et un office fort analogues, et, par suite, avec une espèce de culte à peu près semblable. En sorte que ce prétendu athéisme, dit Comte, se réduit presque, au fond, à inaugurer une Déesse au lieu d'un Dieu, chez ceux du moins qui conçoivent comme définitif cet état purement transitoire [1].

1. *Cours de Philosophie positive.* Paris, 1874, t. V, p. 714.

Le panthéisme-ontologique de Hobbes prit ensuite une forme de plus en plus caractéristique sous le panthéisme-cartésien de Spinoza, continué par l'école allemande sous le nom de naturalisme et de scrutateurs de la Nature.

Mais ce ne sont pas uniquement des poëtes, des musiciens, des peintres, des littérateurs, des philosophes et des théologiens qui ont intronisé le fétichisme dans l'esprit moderne, en animant la matière; ce sont encore des savants très-sérieux qui l'ont introduit dans les sciences expérimentales, tels que le docteur G.-R. Mayer, en Allemagne, un des fondateurs de la physique dynamique; le professeur John Tyndall, en Angleterre, le célèbre successeur de Faraday, au *Royal-Institution* de Londres, et récemment son savant compatriote Balfour Stewart, de la Société royale de Londres.

En 1845, le docteur Mayer vint établir carrément les relations intimes entre l'organisme vivant, animaux et végétaux, et les forces vives. Il plaça l'origine de la vie dans le soleil par la conversion de ses rayons en force, en mouvement et en différences chimiques. On peut résumer le principe de la nature vivante de Mayer ainsi qu'il suit : un rayon de soleil se détache de l'astre lumineux ; le végétal s'en empare et transforme des matériaux inorganiques en matériaux organiques ; l'animal, à son tour, saisit ces produits végétaux, les brûle dans ses capillaires et les rend au monde extérieur sous leur forme primitive : matière et force ; l'être organisé emprunte tout et rend tout au monde minéral[1]. « Le monde des plantes, disait Mayer, est un réservoir dans lequel sont fixés les rayons fugitifs du soleil... Prévoyance économique de la nature à laquelle se trouve liée indissolublement l'existence physique de la race humaine[2] ! »

John Tyndall, vulgarisant ces principes de la science moderne dans ses conférences à l'Institut royal de Londres, s'écriait :

[1]. Ce principe, sous une autre forme, avait été énoncé en 1833 par John Herschel (*Outlines of Astronomy*, p. 211), et reproduit par George Stephenson.
[2]. *Mémoire sur le mouvement organique dans ses rapports avec la nutrition*, traduit par L. Pérard. Paris, 1872, p. 37.

« Nous sommes tous, non plus dans un sens poétique, mais dans un sens purement mécanique, *des âmes de feu et des enfants du soleil* [1]. »

« *La Vie dépend, en dernier ressort, du soleil* » : Balfour Stewart développant cette idée considère le soleil comme la source matérielle finale de toute l'énergie mécanique que nous possédons, ainsi que de toute la délicatesse de notre constitution organique, à tel point que les animaux dépendent de plus d'une façon des faveurs du soleil et que l'avenir même de notre race est attaché à l'avenir de cet astre [2].

« N'est-ce pas encore la marche du soleil qui assujettit l'emploi de notre temps et nos actes privés et publics à des règles fixes? N'est-ce pas cette grandiose institution sociale du Calendrier qui coordonne, dans le temps et dans l'espace, tous les éléments de la vie de l'Humanité, et qui devient la base première de la solidarité et de la continuité

---

1. *La Conservation de l'énergie.* Paris, 1875, p. 172.
2. *La Matière et la Force.* Traduit par l'abbé Moigno. Paris (sans date), p. 21.

humaines ? » comme dit fort bien M. Laffitte. Nous retournons de la sorte au culte du soleil des Chinois, des Perses et des Égyptiens. Nous acceptons *de facto* le Grand-Milieu d'Auguste Comte, sous la présidence du soleil.

D'après la doctrine généalogique de la descendance ou du Darwinisme réformé, le professeur Ernest Haeckel infère que la chute des corps, la cristallisation, la croissance des plantes, la multiplication, l'activité consciente des animaux, la sensibilité et l'entendement de l'homme, sont des phénomènes, suivant des lois déterminées, qui peuvent tous s'expliquer par des causes mécaniques. D'après cette conception unitaire de la nature, il déduit que « nous arrivons ainsi à la conception extrêmement importante que tous les corps connus de la nature sont également *animés* et que l'opposition jadis établie entre le monde des corps vivants et celui des corps morts n'existe pas [1]. »

---

[1]. *Histoire de la Création*, etc., traduite par Letourneau. Paris, 1874, p. 21-22.

Voilà donc le dernier mot du *fétichisme-scientifique* prononcé par les maîtres de la science moderne, et que certainement nos ancêtres fétiches pourraient, à juste titre, nous envier. Mais il y a cette différence capitale que Mayer, Tyndall, Stewart, Haeckel, etc., n'ont envisagé que les lois des corps et les lois des phénomènes. C'est encore la méthode qu'a suivie Auguste Comte en subordonnant les *volontés aux lois*, dans son incorporation du fétichisme à la religion de l'Humanité, d'après une fiction aussi morale qu'esthétique.

Certes, Mayer, Tyndall, Stewart et Haeckel rejetteront l'accusation de positiviste et n'admettront point le Positivisme formulé par Auguste Comte, pas plus que ne l'ont admis Herbert Spencer, Huxley, Mosley, rédacteur du *Forthnighly Review*, Wurtz, le doyen de la Faculté de Médecine, dans son rapport au ministre de l'instruction publique, de même que John Stuart Mill et bien d'autres savants de tous les pays. Mais à quoi bon faire semblant de répudier une doctrine qui est dans l'air même que nous respirons, dont nous sommes pénétrés jusqu'à la moelle des os; une doctrine, en un mot, à laquelle nous devons notre bien-être individuel et collectif, toutes les découvertes dignes de survivre au profit de la postérité, tous les bienfaits que nous ont légués nos ancêtres et que le positivisme revendique à juste titre comme son patrimoine?

Il y a plus, en abolissant la distinction irrationnelle entre les corps inertes et les corps actifs, en les animant les uns et les autres, et en proclamant l'unité organique et inorganique, Haeckel n'appuie son hypothèse que sur la doctrine généalogique du Darwinisme. Auguste Comte, au contraire, nous fait nettement sentir, et cela dès 1829, l'origine fondamentale et la transcendance du principe de l'inertie et de l'activité de la matière. Il nous démontre que cet état passif des corps n'est qu'une pure abstraction, directement contraire à leur véritable constitution. Mais, d'un autre côté, sans cet

artifice philosophique, qui constitue la base
de la mécanique rationnelle, il eût été impossible d'établir aucune proposition générale sur les lois abstraites de l'équilibre ou
du mouvement, si l'on n'eût commencé par
considérer les corps comme absolument
inertes, c'est-à-dire comme entièrement incapables de modifier spontanément l'action
des forces qui leur sont appliquées. Malheureusement cette conception capitale, entourée comme elle l'est d'un épais nuage métaphysique qui en fait méconnaître la
vraie nature, est ordinairement présentée
d'une manière radicalement vicieuse. On
la confond souvent avec ce que l'on appelle
fort improprement la *loi d'inertie* qui n'est
que le résultat général de l'observation ;
ensuite son caractère indécis fait qu'on ne
sait point exactement si cet état passif des
corps est purement hypothétique, ou s'il
représente la réalité des phénomènes naturels ; enfin, de cette intervention, il résulte
que l'esprit est involontairement porté à
regarder les lois générales de la mécanique

rationnelle comme étant par elles-mêmes exclusivement applicables à ce que nous appelons les corps bruts, tandis qu'elles se vérifient, au contraire, tout aussi bien dans les corps organisés, quoique leur application précise y rencontre de bien plus grandes difficultés. Comte concluait donc qu'entre les corps bruts et les corps animés, il n'y a que de simples différences de degrés; qu'il n'existe point de matière vivante proprement dite *sui generis*, puisqu'on retrouve dans les corps animés des éléments exactement identiques à ceux que présentent les corps inanimés; que la seule propriété de la pesanteur rend les corps actifs; que c'est en vain que l'on voudrait affirmer leur inertie par le fait qu'ils obéissent à l'attraction du globe terrestre; que si la considération de l'inertie des corps dans l'acte de la pesanteur était même exacte, on n'aurait fait que déplacer la difficulté, en transportant sur la masse totale de la terre l'activité refusée aux molécules isolées, car dans sa chute vers le centre de notre globe, un corps pesant est tout aussi actif que la terre elle-même, puisque chaque molécule attire une partie équivalente de la terre tout autant qu'elle en est attirée, bien que cette dernière attraction produise seule un effet sensible, à raison de l'immense inégalité des deux masses. En un mot, des corps inanimés possèdent une activité *spontanée*, exactement analogue à celle des corps vivants, mais seulement moins variée ; cette dernière est de plus en plus envisagée par les physiologistes comme une simple modification de l'activité soi-disant inerte.

Historiquement et philosophiquement considérée, l'inertie de la matière est encore explicable par la considération que toute activité venant du dehors, sous l'influence d'êtres surnaturels ou d'entités, l'esprit humain, dans son raisonnement théologique et métaphysique, n'a pu considérer la matière que comme étant par sa nature essentiellement inerte et passive. Mais depuis que la philosophie positive a commencé à prévaloir, et que l'esprit humain s'est borné à étudier le véritable état des choses, sans s'enquérir des *causes* premières et génératrices, les corps naturels nous manifestent une activité spontanée plus ou moins étendue, qui subsiste jusque dans les fonctions biologiques, les actes moraux et les événements sociaux[1].

Sous le rapport de la question, aujourd'hui débattue, de l'activité de la matière inerte, nous retournons forcément aux idées fétichiques. En effet, le fétichisme considérait la matière éminemment active, au point d'en être vraiment vivante, tandis que le polythéisme, qui lui succéda, la condamnait à une inertie presque absolue, toujours passivement soumise aux volontés arbitraires de l'agent divin. Aussi, Auguste Comte n'a-t-il pas hésité à considérer la portée intellectuelle de cette transition de l'un et l'autre régime religieux comme la plus fondamentale que l'Humanité ait jamais pu subir. Ces volontés surnaturelles,

---

1. *Cours de Philosophie positive.* Paris, 1852, 2ᵉ édition, t. I, p. 374-380.

qui résidaient jadis soit dans la matière même, soit dans des divinités, sont sous l'état positif remplacées par la subordination des phénomènes à d'invariables lois naturelles.

Ainsi tout le mystère du soi-disant fétichisme positif se résume dans la formule suivante d'Auguste Comte : l'ancienne prépondérance de la subjectivité tendrait maintenant vers la folie, en négligeant les données extérieures au nom de la dignité. Mais le moderne ascendant de l'objectivité pousse actuellement à l'idiotisme, en comprimant la spontanéité mentale sous prétexte de réalité. Entre ce mysticisme et cet empirisme, écueils permanents de la raison humaine, l'esprit positif institue la voie normale, en subordonnant l'imagination à l'observation, celle-ci à la réflexion, d'après une rationnelle subordination du subjectif à l'objectif, pour que l'ordre logique puisse représenter l'ordre physique. Ce régime final développe l'activité intellectuelle, qui peut seule instituer un commerce où le monde ne fournit que des matériaux. Autant éloigné de l'absolu quant à l'objet qu'envers le sujet, ce régime réduit nos efforts théoriques à représenter assez l'ordre extérieur pour que notre sagesse pratique puisse l'améliorer systématiquement.

Auguste Comte démontre donc que le fétichisme surpasse théoriquement le théologisme, aussi bien en doctrine comme en méthode, et par rapport au monde organique ainsi qu'au monde inorganique. Jusqu'au plein avénement du Positivisme, son ensemble constitua réellement la meilleure manifestation de la rectitude logique et scientifique, et la meilleure approximation de l'ordre général. C'est pourquoi le fétichisme prévaudrait encore partout si les exigences sociales n'avaient point forcé nos ancêtres à prendre la voie du théologisme dans leur élaboration du Positivisme[1].

1. *Politique positive*, t. III, p. 85-98.

Les savants *sérieux,* comme ils se nomment entre eux, hausseront les épaules en nous entendant proclamer hautement qu'il faut incorporer le Fétichisme au Positivisme, par la raison très-simple qu'il s'est toujours spontanément conservé dans la raison concrète, etc.

Nous avons déjà signalé à l'appui de notre thèse, qu'à partir du XVIIIe siècle, on a vu se produire un mouvement de retour vers le Fétichisme, mouvement qui fut très-accentué, dès notre siècle, dans les productions esthétiques de Chateaubriand, de Lamartine, de Victor Hugo, chez les lakistes de l'Angleterre et chez les panthéistes-naturalistes de l'Allemagne.

Eh bien, voici un Académicien qui a un fauteuil à l'Académie française, mais chez qui la verve juvénile n'apparaît que sur une malheureuse chaise de cuir. Cette chaise magique préside aux conférences de l'orateur et l'inspire. On comprend que nous voulons parler de M. Ernest Legouvé. La chaise date du temps de Henri II, et M. Legouvé l'acheta en 1840 à Mlle Delaunay, une charmante marchande artiste que les amateurs ont connue sur le quai Voltaire. Depuis, « ses quatre jolis pieds cannelés l'ont portée aux quatre points cardinaux » de Paris. Ce fut d'abord à l'ancienne salle Barthélemy, puis au théâtre du Prince-Impérial, au Théâtre de la Gaîté, au Collége de France, au Théâtre-Français; enfin à toutes ses conférences M. Legouvé... « y envoie sa chaise. »

Mais laissons parler l'Académicien : « J'avais pris pour elle une sorte d'attachement superstitieux ; il me semblait que son absence m'aurait porté malheur ; elle était devenue pour moi comme un ami, comme un second ; je l'appelais en riant *mon cheval de bataille !*

« Et voilà comment, par un reste de superstition peut-être, m'est venue l'idée de l'associer à la nouvelle fortune que tentent ces conférences. N'est-elle pas le lien naturel qui unit toutes les parties assez diverses de ce volume ? Elle m'a suivi et assisté auprès de tous mes genres d'auditeurs ; il est juste que je ne veuille pas me présenter sans elle devant mes lecteurs, et je mets son nom en tête de ce livre, comme on dédie le récit de ses campagnes à son plus fidèle compagnon d'armes [1]. »

Nous en appelons maintenant à la *positivité*. Cette pauvre chaise de cuir n'est-elle pas un *fétiche* pour lequel l'Académicien professe un *attachement superstitieux* qui va jusqu'à l'adoration ? Ainsi voilà encore le Fétichisme dominant la raison concrète aussi bien que la raison de M. Legouvé et dont l'influence s'étend même à la raison abstraite.

Si Auguste Comte a été proclamé *fou* — par un soi-disant disciple-académicien — pour avoir prétendu incorporer le Fétichisme au Positivisme, il faut hélas! avouer que la folie siége déjà à l'Académie française.

Trêve donc de plaisanterie dans les deux camps ! L'attachement *superstitieux* que M. Legouvé éprouve pour sa chaise ou plutôt

---

[1]. Voyage d'une chaise de cuir. *Conférences parisiennes*. Paris, 1872. Préface, p. i-iv; 4ᵉ édition, 1873.

pour cet ami, pour ce *cheval de bataille*, est au fond un attachement très-naturel, très-moral et très-esthétique. Cet attachement prouve simplement que l'Académicien est un homme de cœur. Peut-il se concevoir rien de plus plat, de plus dégradant pour la dignité humaine que ces lettrés et ces savants qui se targuent systématiquement d'un absurde scepticisme au nom d'une prétendue réalité scientifique ? Cœurs sans feu, intelligences sans éclat, pensées sans originalité, corps sans vie, ces âmes séchées sont la proie de l'orgueil qui s'érige en personnalité suprême ; et lorsque, chez eux, les infirmités du corps s'ajoutent aux infirmités de l'esprit, lorsqu'au déclin de la vie la soif des honneurs et du pouvoir ne s'est pas encore éteinte, leur vanité superbe les conduit à *l'idiotisme* ou à la *folie*, suivant que l'objectivité concrète ou la subjectivité abstraite a prévalu.

Mais quoi de plus naturel que cet attachement religieux que nous portons aux objets qui nous entourent et qui contribuent dignement à notre bonheur, soit comme un pur délassement des fatigues du corps et de l'esprit, soit comme un précieux instrument de travail. La vraie logique humaine, comme dit Comte, ne peut se réduire au seul emploi des signes; comme puissance philosophique et esthétique, il lui faut des images et des sentiments, qui nous rappellent constamment ces objets relativement inanimés. Le poète Coleridge n'embrassait-il pas ses livres? Qui ne caresse ses œuvres, souvent personnifiées dans le papier, la toile ou l'instrument de son invention? Voilà comment on s'attache aussi profondément à un meuble, à un appartement, à un coin. On s'y attache d'autant plus dans la vieillesse que le désenchantement des hommes et des institutions nous plonge dans la solitude, la misanthropie et le scepticisme.

C'est cette nécessité impérieuse qu'Auguste Comte traduisait péniblement dans un moment où un de ses plus chers élèves, reniant alors le maître, voulut lui ravir l'appartement auquel il se trouvait lié d'esprit et de cœur. « Je ne pourrai jamais oublier, s'écriait-il, que là fut écrit en 1842, le volume décisif qui termina mon ouvrage fondamental par la systématisation directe de la nouvelle philosophie. Mais ce domicile doit surtout m'être devenu sacré, trois ans après, comme le lien de la régénération morale que me procura, pendant une année sans pareille, l'angélique impulsion qui dominera toujours ma seconde vie... Ces saintes murailles, à jamais empreintes de l'image adorée, m'aidèrent à développer journellement le culte intime de la meilleure personnification du vrai Grand-Être, pendant ces années déjà nombreuses où sa glorieuse éternité subjective succéda trop tôt à sa triste existence objective. Là s'établit, sous cet irrésistible patronage, une telle harmonie entre ma vie privée et ma vie publique, que les progrès de chacune purent aussitôt s'étendre à l'autre; de manière à me faire sentir la vraie théorie de l'unité longtemps avant de la formuler, etc. [1] »

1. Quatrième circulaire du 31 janvier 1853, reproduite dans son *Système de politique positive*. Paris, 1853, p. XXVII.

CHAPITRE IV

LA PHYSIQUE NÉGATIVE ET LA PHYSIQUE POSITIVE

> « O physique, garde-toi de la métaphysique. »
> NEWTON.

Un mémoire du Dr Jules Robert Mayer, de Heilbronn, « sur les forces de la nature inorganique » publié en 1842, fut le point de départ d'une nouvelle révolution dans les sciences physiques. On y trouve l'idée *d'équivalent*, appliqué à la chaleur qui se développe par la compression d'un fluide élastique. Mayer considérait la chaleur comme un *effet mécanique*, indépendant de la nature du fluide élastique, qui n'est que l'instrument à l'aide duquel une force est convertie en une autre force. L'année suivante; James P. Joule, de Manchester, publia son premier mémoire « sur la valeur mécanique de la chaleur », et il appliqua sa théorie dynamique aux phénomènes vitaux. En 1845, Mayer compléta sa découverte et l'appliqua également au « mouvement organique dans ses rapports avec la nutrition; » en 1848, il l'appliqua à la dynamique du ciel, et, en 1851, à l'équivalent mécanique de la chaleur. Pendant que Mayer et Joule établissaient les bases expérimentales de la dynamique de la chaleur, William R. Grove, de 1842 à 1843, dans ses leçons à l'Institution royale de Londres, dénonçait les fluides impondérables, s'efforçant de démontrer que la chaleur, la lumière, l'électricité, le magnétisme et l'affinité chimique n'étaient que des modes ou des formes de mouvements de la matière *pondérable*[1]. Helmholtz suivit de près, en 1847, cette nouvelle impulsion, dans son mémoire « Sur la conservation et

---

1. *The Correlation of Physical Forces. With other Contributions to science.* London, 1874, 6ᵉ édition.

la transformation des forces naturelles. » La grande loi de la conservation de la force fut vaguement entrevue par Galilée, et plus clairement par Newton et Leibnitz, ce dernier en énonça mathématiquement le principe ; elle fut développée par Rumford, Davy, Joule, Grove, Thomson, (William et James), Rankine, Andrews, Maxwell, en Angleterre ; par Oersted, Mayer, Helmholtz, Clausius, etc., en Allemagne. Il ne faut pas encore oublier qu'en France, Seguin aîné, disciple de Montgolfier, avait, dès 1829, nettement affirmé les principes de l'équivalence de la chaleur et du travail [1].

De là naquit la grande doctrine de la conservation, de la corrélation et de la conversion équivalente des forces vives, en d'autres termes de *l'énergie;* doctrine qui porta un dernier coup à la métaphysique de l'éther et des fluides impondérables. Nous passons sous silence les recherches expérimentales qui ont préparé et continué ce mouvement.

---

1. *De l'influence des chemins de fer et de l'art de les tracer et de les construire.* Paris, 1839.

Nous les analyserons dans la onzième Monographie. Grâce à ces données positives, nous étions enfin sortis en physique du spiritualisme subjectif, mais, par contre, nous nous plongions dans un excès contraire, dans le matérialisme objectif d'où la philosophie positive est venue nous retirer.

Au début, comme c'est toujours le cas dans les découvertes véritablement transcendantes, les chercheurs travaillaient indépendamment les uns des autres et leurs découvertes leur étaient mutuellement inconnues. Auguste Comte cherchait aussi et découvrait aussi, mais avec une priorité de publication de sept ans sur les leçons de Grove. Lui, il abordait, comme d'habitude, les questions abstraites par leur base ; il fondait en même temps la philosophie de l'analyse mathématique (en 1829), dans ses rapports avec la physique (en 1835) et déterminait le caractère de ces deux sciences.

Auguste Comte nous faisait sentir la vraie valeur de l'introduction médiate ou immédiate des théories analytiques en physique, suivant que les phénomènes nous permettent d'y saisir une loi numérique fondamentale, qui devient la base plus ou moins prolongée de déductions analytiques, comme dans la belle théorie mathématique de Fourier; ou, lorsque les phénomènes ont d'abord été ramenés expérimentalement à quelques lois géométriques ou mécaniques, l'analyse n'étant plus alors appliquée à la physique, mais à la géométrie et à la mécanique.

Comte établissait la distinction entre la philosophie de l'analyse, susceptible de perfectionnements capitaux, et la vraie philosophie mathématique, qui était encore dans l'enfance et qui consiste surtout dans la relation de l'abstrait au concret. Il considérait l'application du calcul infinitésimal à la mécanique, comme achevant de constituer la philosophie mathématique en simplifiant et généralisant la relation de l'abstrait au concret.

Comte signalait, comme dernier perfectionnement de la physique, l'art alors très-peu connu de combiner intimement l'analyse et l'expérience, lorsque les physiciens, et non les géomètres, se seraient chargés de diriger l'instrument analytique.

Comte nous mettait en garde contre l'esprit algébrique, si distinct de l'esprit mathématique, pour lequel le calcul n'est qu'un instrument subordonné à la destination. Il nous faisait sentir la vraie application des théorèmes et des formules mathématiques.

Comte envisageait les *fluides* comme ayant pris la place des *entités*, dont la transformation a simplement consisté à se matérialiser tout en restant invisibles, intangibles, impondérables même. On peut juger de la valeur de ces fluides imaginaires, disait-il, en voyant avec quelle puissance de raisonnement les partisans du système de l'émission et du système des ondulations y faisaient également rentrer tous les phénomènes de l'optique. Biot, en s'attachant jusqu'à ses derniers jours à l'hypothèse de l'émission et Lamarck à l'hypothèse d'un prétendu fluide sonore, nous ont fourni un triste exemple des égarements de la métaphysique dans les sciences exactes. Les dernières spéculations algébriques de Cauchy nous révèlent encore l'égarement des théorèmes géométriques.

Comte allait plus loin : il considérait la conception de l'hypothèse corpusculaire, ainsi que celle du calcul infinitésimal, comme un artifice logique, et non comme une opinion touchant des questions de fait. Stuart Mill, qui trouve excessivement profond le sens de cette idée, ajoute : « Cette assimilation jette, nous semble-t-il, un flot de lumière sur ces deux conceptions : sur la conception physique, plus encore que sur la conception mathématique. » Il venait de dire : « En dépit de tout, le *Traité de Philosophie Mathématique* est plein de pensées profondes, et sera trouvé fertile en suggestions par ceux qui reprendront le sujet après M. Comte [1]. »

---

1. *Auguste Comte et le Positivisme*; traduit par G. Clémenceau, Paris, 1868, p. 205.

On a, en effet, largement emprunté à Comte dans toutes les branches du savoir humain, mais sans en avoir l'air. Dans les quarante lettres que Stuart Mill adressa à Comte et que M. Laffitte se propose de livrer prochainement à la publicité, on verra que ce savant économiste anglais n'a pas lui-même toujours tenu compte de ce qu'il devait au philosophe français.

Comte nous prévenait que les phénomènes lumineux constitueront toujours une catégorie *sui generis*, nécessairement irréductible à aucune autre : une lumière sera éternellement hétérogène à un mouvement ou à un son. Les considérations physiologiques elles-mêmes s'opposeraient à une telle confusion d'idées, par les caractères inaltérables qui distinguent profondément le sens de la vue du sens de l'ouïe ou du sens du toucher. Tout ce que l'optique peut comporter de mathématique, ajoute-t-il, dépend non de la mécanique, mais de la géométrie, qui s'y trouve éminemment applicable, en vertu de la nature évidemment géométrique des principales lois de la lumière. Dans l'application de l'analyse à certaines recherches optiques, comme par exemple, dans celles de Lambert sur la photométrie, l'observation fournit quelques relations numériques ; mais, en aucun cas, l'étude positive de la lumière ne saurait vraiment donner lieu à une analyse dynamique.

Comte condamnait toutes ces conceptions *à priori*, comme celle de Blainville sur l'analogie entre la structure de l'œil et celle de l'oreille, résultat de la similitude supposée par les physiciens entre la lumière et le son. Pour faire sentir le ridicule de pareilles hypothèses, il rappelait avec quelle confiance naïve les anatomistes du siècle dernier admiraient l'harmonie de la structure de l'œil avec le mode chimérique de la production de la lumière dans le système de l'émission newtonienne, et la singulière facilité avec laquelle le système opposé des ondulations lumineuses s'est ensuite adapté à l'invariable structure anatomique. Comte ajoutait : Que l'esprit humain sache renoncer à l'irrationnelle poursuite d'une vaine unité scientifique, et reconnaisse que les catégories radicalement distinctes de phénomènes hétérogènes sont plus nombreuses que ne le suppose une systématisation vicieuse. L'ensemble de la philosophie naturelle serait sans doute plus parfait s'il pouvait en être autrement; mais la coordination n'a de mérite et de valeur qu'autant qu'elle repose sur des assimilations réelles et fondamentales.

Comte établissait la théorie fondamentale des hypothèses consistant, à l'exemple des méthodes d'approximation des géomètres, dans l'introduction d'un artifice provisoire, afin de venir en aide à l'induction et à la déduction, dans le but de découvrir les lois naturelles. Dès lors toute hypothèse scientifique doit être *vérifiable*, c'est-à-dire qu'elle doit présenter le caractère de simples anticipations sur ce que l'expérience et le raisonnement auraient pu dévoiler immédiatement, si les circonstances du problème eussent été plus favorables. Auguste

Comte formulait ainsi l'institution des hypothèses : « Toute hypothèse scientifique, afin d'être réellement jugeable, doit inclusivement porter sur les lois des phénomènes, et jamais sur leur mode de production. »

Ce point est d'une telle importance que Comte en a fait la première loi logique du premier groupe des lois générales de la Philosophie première. La loi se formule ainsi : « Former l'hypothèse la plus simple et la plus sympathique que comporte l'ensemble des renseignements à représenter. » L'hypothèse la plus simple est inséparable de l'hypothèse la plus sympathique, car la complication est aussi vicieuse pour l'esprit et le cœur, quand elle émane des sentiments, que lorsqu'elle provient des pensées.

Enfin, au nom de la raison et de la morale, Comte nous faisait sentir le précepte qui réduit les études inférieures à ce qu'exige l'élaboration des études supérieures. Une telle règle est destinée à régulariser toutes les théories physiques ou morales qui méritent d'être conservées, en n'éliminant que les recherches oiseuses qui encombrent la science. En concevant, par exemple, l'optique et l'acoustique comme préparant l'étude biologique de la vision ou de l'audition et de la phonation, on y consacre les spéculations vraiment intéressantes, et on y provoque même d'importants progrès. Cette culture encyclopédique, ajoute-t-il, dissipera de graves illusions, lorsque, faute de ce point de vue, nos physiciens attribuent une réalité objective à des phénomènes essentiellement subjectifs. Tels sont, peut-être, la plupart des phénomènes qui concernent les prétendues interférences optiques ou les croisements analogues en acoustique.

En s'appuyant sur l'électro-physiologie, Wilhem Wundt a étendu, en 1862, la loi de la conservation et de l'équivalence de forces au domaine psychologique. L'expérience et le calcul démontrent, dit-il, que l'intensité de nos diverses sensations varie suivant la loi que Fechner appelle *psychophysique*, ainsi formulée : « La sensation croît comme le logarithme de l'excitation qui la produit. »

La coïncidence de la loi des sensations et de la loi des logarithmes est tellement frappante, d'après Wundt, que « l'on pourrait presque croire que les tables logarithmiques n'ont été trouvées par les mathématiciens que pour la commodité des psychologues; ceux-ci, pour savoir de combien croît une sensation quand l'excitation croît d'une quantité déterminée, n'ont qu'à consulter leur table[1]. »

Les recherches de psychologie expérimentale de Weber, de Valentin, de Theile, de Neuhaus, de Fechner, de Lotze, de Helmoltz, de Wundt et autres, ont amené ce dernier physiologiste à conclure que « la

---

[1]. *Vorlesungen über die Menschen und Thierseele.* Leipzig. 1863, t. 1, p. 109; *Id.*, 1868. Voir ses œuvres psychologiques: *Beiträge zur der Sinneswahrnehmung*, 1862; *Grundzüge der Physiologischen Psychologie.* 1874.

loi psycho-physique nous démontre l'identité fondamentale de la *Logique* et des *Mathématiques!* » En effet, les opérations logiques, comparaisons et jugements, à l'aide desquelles nous avons la conscience que des sensations croissent, décroissent, se ressemblent ou diffèrent, sont soumises à des lois mathématiques. D'où Wundt conclut que « dans quelque partie que ce soit du domaine psychologique, là où nous rencontrons des grandeurs, là aussi règne la loi sur le rapport du phénomène nerveux à la sensation : en sorte que cette loi peut être considérée comme une *loi psychique générale.* » Cette loi trouve encore sa vérification dans le phénomène psychique de la perception des distances, etc.

Ainsi, Auguste Comte n'était pas aussi fou que l'on s'est plu à le dire, quand, dans le dernier ouvrage de sa folie aiguë — *La Synthèse subjective* — il établissait par la méthode subjective et relative l'*identité des lois logiques et des lois mathématiques* ; quand il affirmait que la mathématique nous dévoilerait les lois statiques et les lois dynamiques de l'entendement humain ; lorsque, conformément à sa constitution normale, la science mathématique serait régénérée sous le nom de *Logique*, comprenant la science de l'espace ; la logique universelle étant : « le concours normal des sentiments, des images et des signes, pour nous inspirer les conceptions qui conviennent à nos besoins moraux, intellectuels et physiques ; » et quand, enfin, dans les 10e, 11e, 12e et 13e lois de sa *Philosophie première*, il appliquait aux théorèmes philosophiques de l'entendement humain, les lois de mécanique rationnelle instituées par Képler, Galilée, Huyghens et Newton.

Nous avons maintes fois fait sentir que pour transformer nos conceptions primitives, provisoires, surnaturelles et métaphysiques en conceptions positives et définitives, il suffisait de les dépouiller de leur caractère absolu et de les rendre relatives ; cette transformation est faite dès l'instant que l'on substitue la *loi* régulatrice des phénomènes à la cause intime, première et finale de leur production, cause qu'il ne sera jamais en notre pouvoir d'atteindre. Voici déjà que l'école expérimentale de Wundt nous fait sentir que sa loi psycho-physique est une nouvelle preuve du caractère de *relativité* de notre consensus psychique. Elle nous montre que dans nos sensations, nous n'avons aucune mesure pour les grandeurs absolues, mais seulement pour des grandeurs relatives. La seule chose que nous puissions faire, c'est de comparer des grandeurs. Notre esprit ne peut se représenter ni une grandeur absolue de sensation ni une grandeur absolue de temps, ni aucune grandeur absolue d'ordre psychique.

Voilà comment l'école allemande, aspirant à nous donner la mesure exacte et expérimentale des forces psychiques, se rencontre par des chemins, au fond très-différents, avec la doctrine positiviste d'Auguste Comte, sur une question de la plus haute transcendance.

Il nous est impossible de suivre Wundt

dans sa thèse fondamentale sur l'identité du mécanisme et de la logique, du physique et du psychique, de l'inconscient et du conscient, ainsi que dans son évolution et ses applications aux sentiments esthétiques, moraux, religieux, etc. Il y a dans la série de ses expériences et de ses développements un ensemble d'idées fécondes et vraies, mais qui s'éloignent souvent de la méthode positive. On sent la lutte du penseur contre une métaphysique inconsciente. Cependant partout le savant psychologue vise à l'unité ; ici c'est l'unité de sensations, là l'unité de la pensée, enfin l'unité de conscience dans les couches corticales, d'après la continuité du système nerveux. Ses efforts s'étendent également à l'ordre humain, qu'il considère comme étant intimement lié à l'ordre cosmique, d'où le premier émane. Cette idée d'ordre universel répond, dit-il, à l'idée esthétique du beau, de l'idéal que la science s'efforce de traduire en une idée abstraite. Wundt fait également une large part au sentiment, quand il l'appelle le *pionnier* de la connaissance, pourvu qu'il puisse s'appuyer sur la science; car, ajoute-t-il, il n'y a que la connaissance consciente qui peut conférer au sentiment un droit et donner à l'imagination des limites. Auguste Comte a déjà formulé cette pensée fort juste dans les termes suivants : « D'après la soumission de la raison à la foi scientifique et démontrable, l'esprit devient le ministre du cœur, mais non pas son esclave. » Cette subordination relative de l'esprit au cœur fut encore considérée comme une nouvelle preuve de folie.

Mais Wundt fait fausse route lorsqu'il érige finalement le *raisonnement* en juge suprême de toutes nos facultés conscientes, en dépit de la suprématie accordée au sentiment. Nous disons, au contraire : « *La foi scientifique et fatale* est au-dessus de la raison mobile. » C'est cette foi qui vient remplacer la foi théologique. Fichte érigeait aussi sa philosophie humaine sur la raison réalisant la notion du droit. Cette philosophie rationaliste vient d'être reprise par M. Cournot, sous la nouvelle étiquette de *transrationalisme* [1]. Ce gros mot n'est pour nous que du *trans-irrationalisme;* car, comme dit Comte, « l'esprit est destiné à lutter et non à régner. » Qu'est-ce que la raison? C'est, d'après de Blainville, « l'instinct mobile; » et qu'est-ce que l'instinct? C'est « la raison fixée. » Ainsi, voilà le problème renversé dans le sens que lui donne Comte, « que l'action de l'hérédité modifie les dispositions instinctives. »

Ce transrationalisme nous rappelle la *souveraineté de la raison,* dont Guizot avait fait l'euphémisme du cens électoral. Aujourd'hui, nous avons encore, en politique, la souveraineté monarchique, la souveraineté nationale, la souveraineté révolutionnaire, la souveraineté de la liberté et la souveraineté du *Droit,* de M. Émile de Girardin. Ce mot perturbateur doit disparaître de la langue. Il n'y a d'autre souveraineté que la

---

1. *Matérialisme, Vitalisme, Rationalisme,* etc. Paris, 1875, p. 385. « Puisque les disciples d'Aug. Comte, dit M. Cournot, bien supérieurs à leur maître pour le style comme pour la doctrine (sic !), ont accepté sa *sociologie* et son *altruisme,* y aurait-il outrecuidance à demander qu'on supportât notre *transrationalisme !* »

souveraineté des vraies lois naturelles, toujours conciliables, toujours vérifiables. Nous ne sommes même pas notre propre souverain. La liberté conditionnelle et limitée, fatalement bornée à mille fatalités subjectives et objectives, est une loi, oui; mais la liberté souveraine, non.

En résumé, nous considérons la doctrine psychologique de Wundt comme un effort suprême, mais inconscient, pour ramener le matérialisme objectif et expérimental de l'école mécanique et monistique de Radenhausen[1], de Hartmann, d'Haeckel, etc., au matérialisme subjectif et rationaliste de sa nouvelle école psycho-physique, tout en montrant une tendance à faire prévaloir les facultés affectives de l'homme. Nous conseillerons donc à Wundt, ainsi qu'à Haeckel, une étude sérieuse et consciencieuse de la philosophie positive, vers laquelle leurs recherches respectives tendent à les faire aboutir. Quant à la doctrine appelée de l'*in-*

---

1. *Isis. Der Mensch und die Welt.* Hambourg, 1863. 4 vol. in-8, 2ᵉ édition, 1871. — *Osiris*, etc. 1874, 1 vol. in-8.

conscient par l'école de Hartmann, de Wundt, de Virchow et autres, elle n'est au fond que le principe de cette *sagesse spontanée* et universelle que Comte a parfaitement établi dans la nature entière : depuis l'activité moléculaire qui rend tous les corps actifs, jusqu'aux fonctions de la vie organique où les mouvements, primitivement involontaires, émanés de la moelle, deviennent ensuite volontaires par l'effet de l'exercice renouvelé et de l'habitude; depuis les actes moraux dans la spontanéité de nos impulsions altruistes ou généreuses jusqu'aux événements sociaux dans les évolutions, les transitions, les décompositions, et les réorganisations spontanées des différentes phases du progrès humain.

CHAPITRE V

LE DARWINISME NÉGATIF ET LE COMTISME POSITIF.

« The proper study of Mankind is man. »
POPE.

« Entre l'homme et le monde il faut l'Humanité. »
A. COMTE.

La révolution zoologique, initiée en 1809 par Lamarck, vaguement précédée par Wolff en 1759, préparée et secondée par le grand poëte Goethe, et soutenue par Étienne Geoffroy-Saint-Hilaire, a pris, à partir de 1859, des proportions colossales sous l'impulsion systématique de Charles Darwin, en Angleterre, et d'Ernest Haeckel, en Allemagne.

Le Darwinisme provoque une immense admiration et une tempête de réprobation. Bien que né en France, il y inspire toujours une aversion puérile, due à l'influence aujourd'hui pernicieuse de l'école analytique de Cuvier. La formidable opposition de ses adversaires repose généralement sur l'ignorance dans laquelle se trouvent les naturalistes analytiques et classificateurs, au sujet de la nature et de la portée du principe de l'évolution de l'espèce. On peut encore affirmer que Haeckel a une conception bien plus nette de cette doctrine que Darwin lui-même. L'étendue de vue que montre Haeckel émane d'un esprit entièrement émancipé du joug de la théologie, tandis que Darwin obéit, malgré sa tendance purement scientifique, à ses penchants protestants fortement secondés par les préjugés religieux des savants anglais. Cette circonstance, unie à d'autres considérations sociales, est d'un tel poids, qu'elle a inspiré à Louis Agassiz sa fameuse réfutation théologique contre la variabilité de l'espèce et en faveur d'une fixité immuable.

La valeur réelle de cette doctrine, improprement nommée *Darwinisme*, n'a point été appréciée à sa juste valeur, parce qu'elle a été détournée de son but philosophique, lequel consiste dans la solidarité et la continuité de l'espèce animale et humaine, deux éléments qui constituent l'indépendance et le concours propres à toute existence physique, vitale et sociale. C'est ce que la philosophie positive a pleinement réalisé.

Tandis que depuis la grande crise de 1789, chacun ne rêvait plus qu'à une solidarité individuelle, excessivement vague et étroite, Auguste Comte proclamait la continuité historique, c'est-à-dire l'influence croissante des générations les unes sur les autres, base de la science sociale, ainsi que de la science biologique. Il instituait la solidarité dans le temps, à l'aide d'une continuité apte à diriger et à régler la solidarité elle-même, suivant son admirable formule : *les vivants sont de plus en plus gouvernés par les morts.*

Haeckel compare, en importance, la découverte de l'évolution et de la sélection naturelle, à la découverte de l'attraction universelle. Nous croyons, en effet, que la première, envisagée sous son véritable point de vue, acquiert, sous le rapport de la matière organique, la même valeur que la seconde, sous le rapport de la matière inorganique. Après l'avénement de la Philosophie positive, c'est la doctrine qui, dans notre siècle, aura le plus remué le monde scientifique.

Auguste Comte va plus loin : il résume toute la grande évolution scientifique des temps modernes, dans la découverte, au xve siècle, du double mouvement de la terre, et dans celle, au xviiie, de la démonstration de l'existence de sentiments bienveillants chez les animaux. Le fétichisme admettait déjà implicitement cette croyance, à laquelle la métempsycose du polythéisme fut hostile, mais que le monothéisme chrétien dut interdire, par la considération, que les sentiments bienveillants émanaient d'une grâce divine, personnelle à l'homme. Cependant l'instinct du bon sens populaire ne put jamais rejeter cette vérité aujourd'hui démontrable. Le xviii° siècle ayant démontré, qu'entre l'animal et l'homme, il n'y a qu'une différence de degrés et non pas de qualité, le xix° siècle, grâce à Auguste Comte, a finalement institué la science de l'homme, d'une part, d'après l'évolution historique, d'autre part, d'après l'évolution zoologique.

Dans un article adressé, en août 1873, à un journal scientifique de Londres « Sur la série animale et la série sociale, » nous établissions un parallèle entre les recherches de Darwin et celles de Comte. Nous signalions que le principe de l'évolution et de la filiation de l'espèce avait été développé, par Auguste Comte, dès 1836 et 1837, et répris de 1851 à 1853.

En effet, les deux principes fondamentaux qui constituent le *substratum* du Darwinisme se trouvent déjà dans les principes de la philosophie positive. Ces deux principes sont l'*hérédité* et l'*adaptation*, ou ce que Comte appelle l'influence des *milieux*. En d'autres termes, dans le langage de l'école de Darwin, la lutte pour l'existence agit en faisant de la sélection et en transformant les espèces. De ces deux actes physiologiques dérive le lien généalogique de l'espèce animale et humaine, en rapportant l'ensemble des phénomènes morphologiques, chez les animaux et dans les plantes, à une cause efficiente et unique, c'est-à-dire, d'après Haeckel, à un rapport physico-chimique ou mécanique.

La doctrine de l'évolution ou généalogique entraîne une profonde réforme biologique et anthropologique et finit par aboutir aux facultés intellectuelles et morales. A tel point que pour les Darwinistes les instincts ne sont que des habitudes intellectuelles acquises par l'adaptation, transmises à travers les générations et fixées par l'hérédité. D'autre part, les facultés intellectuelles de l'homme résultent simplement de l'épanouissement graduel de celles des mammifères supérieurs. La plus haute faculté psychique de l'homme, le sens moral ou *conscience du devoir*, n'est pas refusée aux animaux supérieurs. Voici ce qu'affirme Darwin : « Un animal quelconque, doué d'instincts sociaux prononcés, acquerrait inévitablement un des sens moraux ou une *conscience* aussitôt que ses facultés intellectuelles se seraient développées aussi ou presque aussi bien que chez l'homme [1]. »

Nous voilà bien loin de l'automatisme métaphysique de Descartes, et rien ne s'oppose à ce que dans l'avenir les animaux les plus parfaits puissent arriver à la connaissance complète de leur conscience, par l'effet d'une culture intellectuelle; conscience déjà sensible chez les espèces supérieures. Certes, bien des hommes primitifs ont dû être inférieurs en intelligence et en moralité à bien des animaux du XIXe siècle. Ne voyons-nous pas aujourd'hui même des hommes surpassés par des brutes en raisonnement?

Les théologiens et les métaphysiciens qui douteraient toujours de l'existence de facultés intellectuelles, morales et religieuses, chez les animaux, n'ont qu'à méditer, entre

---

1. *La Descendance de l'homme et la sélection sexuelle*, Paris, 1872, t. I, p. 74.

autres, les ouvrages suivants : Toussenel, *L'esprit des bêtes. Ornithologie passionnelle.* Paris, 1853-55, 3 vol.; Id : *Zoologie passionnelle*; Paris, 1862. Blasius Quatrefagius, *Histoire naturelle drôlatique et philosophique du règne hominal;* Nébulæberg, 1864. Wundt, *Vorlesungen über die Menschen und Thierseele* (sur l'âme de l'homme et des animaux); Leipsick, 1868. De la Blanchère, *L'esprit des poissons,* ainsi que la lettre de F. Lecoq à l'auteur; Versailles, 1872. Houzeau, *Les sentiments affectueux chez les animaux;* Mons, 1872, 2 vol. in-8°. Sir John Lubbock, « sur la sociabilité des hyménoptères, » lu à la Société Linnéenne de Londres, le 19 mars 1874. Von Beneden, *Parasites et commensaux;* Paris, 1874. Menault, *L'amour maternel chez les animaux;* Paris, 1874. Pour les remords de conscience, « la collection anthropologique de Waitz. » Ils y ajouteront les anciennes recherches remarquables de Georges Leroy, Buffon, Cabanis et Gall.

On est vraiment saisi des rapports frappants que l'on découvre entre le système de l'évolution vitale, intellectuelle et morale de Darwin et celui de Comte. Avec cette différence que la systématisation générale de la *vie* est complète et rationnellement élaborée dans le système de Comte. Il part de la matière inerte et remonte graduellement aux plus hautes fonctions sociales. En un mot, Comte a basé le positivisme systématique sur la théorie de l'évolution, d'après la filiation historique, bien avant que l'on eût rêvé à l'évolution Darwiniste. Il y a plus, un de ses savants disciples — le docteur Audiffrent — applique à l'état pathologique la loi positive de l'évolution biologique et sociale. Il démontre que toute maladie, lorsqu'elle accomplit son cours entier, est d'abord végétative, puis animale et enfin cérébrale. Il démontre encore que depuis la chute du moyen âge, vers la fin du XIIIe siècle, l'Occident est atteint d'une maladie chronique, qui tire son origine de la rupture de l'unité qui fut propre au régime catholico-féodal. La maladie prit alors le caractère théologique, puis le caractère métaphysique, et elle revêt aujourd'hui le caractère social, qu'elle conservera jusqu'à la fin de la révolution moderne. Les grandes épidémies ont suivi la même marche. Les épidémies démonopathiques des xve et xvie siècles deviennent spiritopathiques à la fin du xviiie siècle, et sont en voie de se transformer en sociopathiques [1].

Cette question sera développée dans la septième monographie sur « l'Évolution de l'espèce. » Pour le moment, voici quelques idées fondamentales de Comte que l'on peut mettre en comparaison avec celles de Darwin.

Une composition moléculaire fixe constitue les corps inorganiques et une rénovation moléculaire détermine les corps organiques. Cette rénovation caractérise la nutrition sur laquelle repose la vitalité des êtres organisés, les facultés physiques, intellectuelles

---

[1]. *Des maladies du cerveau et de l'innervation*, Auguste Comte. Paris, 1875, p. 108, 827, 879.

et morales. Elle produit le développement qui aboutit à la mort, et à la reproduction qui perpétue l'espèce. La vie débute par la végétalité en vivifiant la matière inorganique du milieu inerte. La vie passe de la végétalité à l'animalité, à l'aide d'aliments doués d'une première vitalité. La sensibilité et la contractilité naissent de la nécessité de discerner et de saisir la nourriture, d'où naît aussi la vie de relation, purement individuelle et légèrement morale. Par l'intermittence des fonctions organiques, qui sont continues dans les végétaux, l'animal acquiert le sentiment de son exercice et ressent le plaisir de le répéter. Cette répétition développe l'habitude et provoque dans la vie de relation l'impulsion de la socialité qui s'ennoblit moralement et intellectuellement à la séparation des sexes. L'habitude, perfectionnée dans l'imitation, engendre le perfectionnement de l'espèce par l'exercice statique des organes et l'exercice dynamique des fonctions. Ce perfectionnement se perpétue dans l'espèce par transmission héréditaire, en rendant naturelles les modifications qui furent à leur origine artificielles. La perfectibilité vitale résulte de la combinaison entre la reproduction et le perfectionnement organique, tandis que l'harmonie vitale consiste dans la subordination de la vie animale à la vie organique. La vitalité est personnelle ou égoïste jusqu'à la séparation des sexes, d'où naît la famille. L'animal ne commence à vivre pour autrui que quand les instincts sexuel, maternel et paternel deviennent manifestes. Chez les espèces insociables l'existence domestique n'étant que temporaire, l'activité et l'intelligence sont limitées à la conservation individuelle. Au contraire, chez les espèces sociables, qui excellent en affection domestique, l'inclination sociale rend permanente la vie de famille. Mais si l'affection sociale est plus énergique, l'animal ne peut satisfaire ses vives inclinations qu'en se vouant au service d'une race supérieure, comme le chien à l'homme. L'animalité ébauche spontanément le grand principe sociologique qui représente l'*amour* comme la base de l'union durable entre les êtres indépendants. L'unité animale tend à s'établir de la même manière que l'unité humaine, par l'extension des espèces susceptibles de se rallier à l'Humanité et par l'*extinction* des espèces indisciplinables. En faisant succéder l'Humanité à l'animalité, comme celle-ci à la végétalité, on institue synthétiquement la hiérarchie biologique. La définition générale de la vie conduit de la végétalité à l'animalité, en modifiant seulement le système d'alimentation. Le passage de l'animalité à l'Humanité ou socialité, s'accomplit d'une manière encore plus directe et plus nette, en se bornant à développer les facultés de l'âme, c'est-à-dire, les fonctions du cerveau : l'activité, l'intelligence, et l'affection. Comte détermine ensuite les facultés cérébrales de l'âme humaine et envisage l'action sociologique de la série animale.

Nous allons indiquer en peu de mots les séries objective et subjective de Comte.

Tandis que le tissu cellulaire, seul universel, constitue le siége de la vie végétative, c'est dans les tissus nerveux et musculaire que réside la vie animale. C'est ainsi que la biologie statique se relie à la biologie dynamique, afin de pouvoir passer de l'organe à la fonction et réciproquement. En étudiant les phénomènes, chez les êtres, où ils sont à la fois le mieux développés et le mieux dégagés des complications supérieures, la théorie des végétaux devient la base normale de la biologie. Elle établit directement les lois générales de la nutrition d'après le cas le plus simple et le plus intense. L'animalité se subordonne à la végétalité, ou la vie de relation à la vie de nutrition. Là s'opère la transition naturelle entre l'existence matérielle et l'existence vitale. Si l'on considère que la vie est autant assujettie aux lois de la nutrition qu'aux lois de la pesanteur, on conçoit comment il est possible de s'élever graduellement de la simple végétalité au vrai type humain. Car l'immense variété des organismes animaux nous permet d'établir entre la plus grossière vitalité et la plus noble une transition aussi graduelle que notre intelligence doive l'exiger. Toutefois, cette série concrète est nécessairement *discontinue,* d'après la loi qui maintient la perpétuité essentielle de chaque espèce au milieu de ses variations secondaires. Cette loi fondamentale est la pierre d'achoppement contre laquelle sont venus se briser les artifices biologiques graduellement élaborés depuis Aristote jusqu'à Blainville, pour constituer une immense échelle zoologique, à la fois objective et subjective, destinée à lier l'homme aux végétaux. Le vieux régime intellectuel entrava l'essor de cette grande construction, en y cherchant vainement le résultat absolu des relations objectives. Le rêve de cette construction purement objective, dont l'école de Darwin, ajoutons-nous, se berce toujours, rend également impuissants tous ses efforts. La prépondérance encyclopédique de la méthode subjective peut seule dissiper des débats stériles et sans issue, en subordonnant la construction de la série animale à sa vraie

destination, plutôt *logique*, dit Comte, que
scientifique. Ne devant étudier les animaux
que pour mieux connaître l'homme en le
liant au végétal, on doit bannir de la hiérarchie biologique toutes les espèces qui la
troublent. Un motif analogue nous prescrit
d'y introduire quelques races purement
idéales, spécialement imaginées pour améliorer les principales transitions, sans cho-
quer jamais les lois statiques et dynamiques.
Nous ajouterons à cette grande pensée d'Auguste Comte, que le progrès scientifique
fera sans doute réellement surgir ces types
idéaux ou leurs équivalents. Quant à l'éli-
mination des espèces nuisibles, que propose
Comte, qui sait si la nature n'a pas déjà
prévu cette nécessité dans la loi de la lutte
pour l'existence où les espèces supérieures
et les plus utiles détruisent les espèces inférieures et les moins utiles. Voilà comment
la philosophie biologique peut enfin combler
toutes les graves lacunes encyclopédiques,
en instituant une transition graduelle entre
l'ordre extérieur et l'ordre humain. Cette

immense progression des êtres et des phénomènes se rattache dans son terme inférieur à la succession normale des trois lois de la vie, sur lesquelles Comte a fondé la base dogmatique de la philosophie zoologique : « la rénovation matérielle, la destruction individuelle, et la conservation spécifique. » Ces trois lois sont autant de faits généraux, subordonnés entre eux, mais complétement distincts, et dont l'ensemble explique, soit les fonctions continues de la vie de nutrition, soit les fonctions intermittentes de la vie de relation. De même que les trois lois astronomiques de Képler dérivent l'une de l'autre, chacune de ces trois lois biologiques est intimement subordonnée à la précédente. La croissance aboutit à la destruction de l'individu, tandis que la reproduction aboutit à la conservation de l'espèce; celle-ci assure l'hérédité organique en maintenant l'intégrité du type, et renferme ainsi le germe de la continuité historique de l'Humanité. En incorporant ces données à la sociologie, l'hérédité vitale devient la source première de l'hérédité sociale et détermine la hiérarchie biocratique, base de la sociocratie. En liant maintenant la biologie à la cosmologie et en la reliant à la sociologie, l'ordre vital devient le lien naturel entre l'ordre cosmique et l'ordre humain.

Comme on le voit, la série abstraite d'Auguste Comte est bien plus complète que celle de l'école Darwiniste. Il part de la matière inerte et remonte jusqu'aux plus hautes fonctions sociales, laissant à ses successeurs la confirmation concrète de ses lois abstraites ou générales. C'est ce que l'école de Darwin a imparfaitement réalisé en dehors de l'école positiviste, mais, inconsciemment, en vertu de ses principes fondamentaux.

Le Darwinisme compte chez toutes les nations de fervents partisans. Mais c'est surtout en Allemagne où il a fait de plus rapides progrès. Après la zoologie, on a étendu cette doctrine à la géologie (Lyell), à la paléontologie (Jæger, Vogt, Desor, Schimper), à la migration des espèces (Wagner), aux races (Rolle, Reich, F. Müller, Wundt, Schleicher), à la génération spontanée (D. C. Rossi), au règne végétal (Wallace, Hooker, Ch. Darwin, A. De Candolle, Strasburger, Belt, Williamson), à l'agriculture (Lane Fox), aux maladies (Wirchow), aux langues (Schleicher, Bleek, G. Darwin, Ferrière, Le Héricher), à l'histoire, à la politique, au progrès et à la vie des peuples (Ecker, L. Büchner, Bagehot, Dumont, J. Evans), à la psychologie (Herbert Spencer, Taine, Dumont), à la religion (J. S. Mill, Rütimeyer, Saint-Clair), à la théorie de la Providence (Asa Gray), à la philosophie cosmique (John Fiske), etc. Enfin Huxley déclare dès 1859 que la théorie de la descendance est la seule hypothèse cosmologique conciliable avec la philosophie scientifique.

Mais de toutes les applications du Darwinisme engendrées en Allemagne, celle d'Ernest Haeckel, professeur de zoologie à l'Université d'Iéna, est certainement la plus éminente [1].

---

1. *Ueber die Entwickelungs theorie Darwins.* Œffentlicher

Ce savant et libre penseur nous fait presque assister à la création spontanée et mécanique de l'homme à travers une immense évolution de la série animale et dans un laps de temps incalculable. Il avance que le pouvoir conservateur de l'hérédité détermine la fixité de l'espèce, tandis que l'adaptation progressive détermine la mutabilité de l'espèce. Le degré de fixité ou de variabilité de chaque forme organique dépendrait uniquement de l'état d'équilibre, qui s'établit entre ces deux fonctions opposées. Comte était arrivé aux mêmes conclusions d'après sa troisième loi biologique sur la reproduction et

---

Votrag am 19 Septembre 1863 in der Versammlung deutscher Naturforscher und Aerzte zu Stettin, 16 p. in-4 ; — *Generalle Morphologie der Organismen*, etc., Berlin, 1866, 2 vol. in-8 de 632 p., 10 pl.; le second volume, comprenant l'histoire de l'évolution, vient d'être traduit en anglais : *The History of the Evolution of Man, translated* by *E. A. van Rhyn* and *L. Elsberg, with various Notes and other Additions sanctioned* by Dr *Haeckel*, London, 1875;—*Ueber die Entstehung und den Stammbaum der Menschengeschlechts*, etc., Berlin, 1868-1873, 3ᵉ édit.; — *Natürliche Schopfungs-Geschichte*, etc., Berlin 1868-1873, in-8, 4ᵉ édit.; traduit en français par Ch. Letourneau, Paris, 1874; édité en anglais par E. Ray Lankester, Londres, 1875; — *Anthropogenie oder Entwickelungsgeschichte des Menschen*, etc., *Leipzig*, 1874. Voir encore l'extrait de Léon A. Dumont, qui fit connaître en France les travaux du naturaliste allemand, sous le titre de *Haeckel et la théorie de l'évolution en Allemagne*. Paris, 1873, in-18.

en vertu de laquelle l'intégrité du type est maintenue par l'hérédité organique, quel que soit le nombre des transmissions; le tout en rapport avec la réaction vitale des milieux inertes (l'adaptation).

Haeckel porte un nouveau coup mortel à la métaphysique dans ce qu'elle a de plus cher. Les connaissances *innées* chez l'homme, soi-disant à *priori*, dit-il, ont été acquises à *posteriori* par nos ancêtres, transmises et fixées par l'hérédité et l'adaptation, et proviennent en dernière analyse de l'expérience. Cette déduction d'Haeckel n'est qu'une simple application des deuxième et troisième lois vitales de Comte, qui représentent le *perfectionnement* comme la conséquence de l'*habitude*. Dynamiquement considérée, cette troisième loi établit que la répétition périodique facilite les fonctions intermittentes, qui tendent aussi à devenir involontaires ou instinctives. En combinant la troisième loi de l'animalité (le perfectionnement) avec la troisième loi de la végétalité (la reproduction), on obtient la *perfectibilité* vitale.

Le progrès réalisé chez l'individu se perpétue dans l'espèce, grâce à l'hérédité qui rend alors naturelles les modifications qui furent d'abord artificielles. D'autre part, le docteur Audiffrent démontre que les maladies du cerveau et de l'innervation sont toutes soumises à la loi de l'hérédité. « C'est l'action de l'hérédité, dit-il, qui peuple nos hôpitaux et nos asiles [1]. »

Voici une autre déduction d'Haeckel que Comte a maintes fois formulée dès le début de sa carrière, contre laquelle les savants se récrient encore au nom d'une soi-disant liberté scientifique d'examen. « C'est là, ajoute Haeckel, ce qui borne notre science tout entière, et jamais nulle part nous ne pouvons arriver au fond réel d'un phénomène quelconque. La force de cristallisation, la pesanteur, l'affinité chimique, demeurent, dans leur essence, tout aussi inintelligibles pour nous que l'hérédité et l'adaptation. »

Ce n'est pas tout, les dernières ombres de la métaphysique, qui cachaient la lumière

---

[1]. Des maladies du cerveau, etc., p. 108.

de la doctrine de l'évolution, ont fait croire aux adversaires du Darwinisme que nos organes avaient été inventés et exécutés par un créateur ingénieux, en vue d'une fonction à remplir. Haeckel affirme au contraire, d'après l'anatomie comparée et l'embryologie que nos organes sont l'œuvre mécanique et *aveugle* de la sélection naturelle. On n'a qu'à observer, pas à pas, ajoute-t-il, l'échelle de perfection ascendante des organes dans le régime animal tout entier, pour y voir une gradation tellement ménagée, qu'il nous est facile de suivre sans hésitation l'évolution de ces organes si compliqués, à travers tous les stades de leur perfectionnement.

Que deviennent, demandons-nous, les fameux principes des causes finales (*causas finales*) de la métaphysique, des forces vitales (*vis vitalis*) des biologistes-spiritualistes, de l'intervention sur terre d'un Dieu personnel des théologiens et des métaphysiciens? La science positive les jette côte à côte dans le panier des préjugés de l'ignorance ou de l'hypocrisie, également transmis et fixés par la loi de l'hérédité. Mais par contre, la science est en train de créer de nouveaux prejugés *scientifiques*, qui se transmettront et se fixeront aussi par l'hérédité et viendront remplacer nos idées anthropomorphiques sur le créateur et la création.

La réfutation d'Haeckel sur les causes finales — toujours d'après sa doctrine de la sélection — nous paraît parfaitement fondée, mais, encore une fois, personne avant Auguste Comte n'avait si profondément envisagé cette question capitale. Les causes finales nous conduisant naturellement soit au fatalisme, soit à l'empirisme absolus, c'est contre l'un ou l'autre de ces deux écueils que le Darwinisme matérialiste ou le Darwinisme spiritualiste vient forcément échouer. Ce qui donne le caractère de fatalisme aux phénomènes, selon la philosophie positive, c'est le contraste de leur régularité finale avec leur instabilité primitive, lorsque leur interprétation passe du régime des volontés, même modifié par les entités, au régime des lois fixes. Une appréciation approfondie du véritable esprit scientifique fait ensuite disparaître cette fatalité. Car le dogme positif démontre partout une stricte invariabilité dans l'ordre fondamental, dont les variations, spontanées ou artificielles, ne sont jamais que secondaires et passagères. On aboutirait à la négation des lois naturelles, si l'on concevait le fondement de l'ordre modifiable ou même les variations secondaires dépourvues de toutes limites. Si dans les phénomènes, l'ordre naturel est immodifiable dans ses dispositions principales, les dispositions secondaires[1], sont aussi d'autant plus modifiables qu'il s'agit d'effets plus compliqués. L'esprit positif, qui dut être fataliste tant qu'il se borna aux études mathématico-astronomiques, perdit nécessairement ce premier caractère en s'étendant aux recherches physico-chimiques, et surtout aux spéculations biologiques, où les variations deviennent si considérables,

1. Comte disait « sauf celles du ciel; » nous ajoutons « y compris celle du ciel, » d'après les perturbations cosmiques signalées depuis.

où les imperfections de l'économie naturelle se prononcent davantage, ainsi que ses modifications. Il n'existe au fond autre chose qu'une *sagesse spontanée*, uniquement supérieure à ce que comporte le degré de complication des phénomènes. Cette sagesse est surtout sensible dans les phénomènes sociaux qui émanent d'êtres intelligents, tendant toujours à corriger les imperfections de la nature et de leur économie collective. C'est pourquoi ces phénomènes offrent un ordre moins imparfait que si, avec une égale complication, leurs agents étaient aveugles. La vraie notion du bien se rapporte toujours à l'état social correspondant, sans quoi elle deviendrait aussi inexplicable que contraire à la nature des êtres et à celle des événements.

Voilà ce que nous dit Auguste Comte.

Lorsque Darwin tâche d'introduire sa loi de sélection naturelle dans les hautes conceptions sociales, c'est alors qu'il fait fausse route, à défaut d'une théorie positive de l'évolution humaine. Il avoue par exemple, « qu'il est fort difficile de dire pourquoi une nation civilisée s'élève, devient plus puissante et s'étend davantage qu'une autre ; ou pourquoi une même nation progresse plus à une époque qu'à une autre. » Il croit alors « que le fait dépend d'un accroissement du chiffre actuel de la population, du nombre des hommes doués de hautes facultés intellectuelles et morales aussi bien que de leur niveau de perfection. » Un tel raisonnement ne fait que constater un fait, mais ne l'explique point.

Darwin n'est pas plus heureux que Galton et Grey quand ils se rapportent aux causes de la décadence de la Grèce. « Quelques auteurs, ajoute Darwin, ont avancé que les hautes aptitudes intellectuelles étant avantageuses à une nation, les anciens Grecs, qui se sont à certains égards élevés intellectuellement plus haut qu'aucune autre race ayant existé, auraient dû s'élever encore plus haut dans l'échelle, augmenter de nombre et peupler toute l'Europe, si la puissance de la sélection naturelle avait été réelle. » Puis il renvoie à l'argument de M. Galton[1] sur ce sujet, qu'il appelle ingénieux et original ; mais à cela il répond que « toute espèce d'évolution progressive dépend du concours d'un grand nombre de circonstances favorables. Les Grecs peuvent avoir rétrogradé par suite du manque de cohésion entre leurs nombreux petits États, de la petitesse de leur pays entier, de la pratique de l'esclavage ou de leur excessive sensualité ; car ils n'ont succombé qu'après *s'être énervés et corrompus jusqu'à la moelle*. Il cite à l'appui le mémoire de M. Grey[2].

Le manque de cohésion, la petitesse du pays, l'esclavage, la sensualité et la corruption, tout cela ne serait que des faits plus ou moins bien constatés, mais non pas des explications plausibles. En outre, l'esclavage doit être éliminé comme ayant, au début, porté son fruit bénéficieux, ainsi que

---

1. *Hereditary Genius*, p. 340-342.
2. *Fraser's Magazine*, septembre 1868, p. 357.

l'ont porté toutes les institutions sociales, tant qu'elles n'ont pas pris un caractère rétrograde en opposant une barrière aux nouveaux progrès sociaux. Quant à la sensualité et à la corruption, ce sont des causes trop souvent invoquées, lorsqu'on n'a que des raisons vagues à opposer.

Darwin poursuit : « Qui peut dire positivement pourquoi la nation espagnole, si prépondérante autrefois, a été distancée dans sa course[1] ? » On pourrait en dire autant de la France et de l'Italie. Cependant une saine théorie abstraite ou générale de l'histoire de l'Humanité peut facilement nous expliquer tout cela. C'est l'évolution positive du progrès humain sous toutes ses formes, découverte par Auguste Comte, qui nous l'expliquera.

Voici en quels termes il formule sa théorie au sujet de la grandeur et de la décadence de la Grèce. L'activité militaire fut toujours réduite à un essor vague et incohérent sans pouvoir aboutir à sa grande des-

---

1. *La descendance de l'homme*, Paris, 1872, t. I, p. 191-192.

tination sociale, par le développement graduel d'un système de conquêtes durables, fonction politique éminemment réservée au régime romain. La Grèce était née pour ainsi dire divisée, d'après l'expression de De Maistre. La vie guerrière ne pouvant acquérir assez de prépondérance pour absorber, comme à Rome, les facultés des hommes éminents, l'énergie cérébrale, constamment excitée sollicita de la vie intellectuelle l'activité que la politique lui refusait. Cette influence fut même sensible chez les masses, qui se vouèrent surtout aux beaux-arts. Les premiers germes de ce rapide développement intellectuel remonte au régime théocratique, par suite des colonisations monothéiques. De ce concours de circonstances surgit en Grèce une nouvelle classe libre qui devait servir d'organe au principal essor mental de l'élite de l'Humanité, classe éminemment spéculative, sans avoir le caractère sacerdotal, et essentiellement active, sans être absorbée par la guerre. Mais d'une part, le système de conquête ne pouvait être centralisé que par une seule population prépondérante ; d'autre part, le mouvement intellectuel ne pouvait plus s'agrandir que dans un centre unique et suivant une nouvelle impulsion systématique. Après Aristote, le dernier et le plus grand des penseurs, le champ fut envahi, comme dans toutes les périodes de décadence et de transition, par de purs discoureurs ou de simples commentateurs. Aristote ne put lier les trois principales doctrines sur le monde, la vie et la société, que par son système provisoire de logique. C'est ainsi que se trouva annoncée la véritable nature de la synthèse spéculative, consistant dans l'unité de la méthode et l'homogénéité de doctrine. L'ère intellectuelle de la Grèce fut close avec l'école de Thalès, la plus abstraite, celle de Pythagore, la plus sociale, et enfin celle d'Aristote la plus systématique.

Ainsi, le polythéisme intellectuel de la Grèce résulta d'une situation parfaitement définie qui, à la fois, poussait à l'activité guerrière et empêchait d'arriver à sa destination au moyen de l'extension de la société par la conquête durable. Rome était donc appelée sous la puissante dictature de Jules César, après ses conquêtes et ses incorporations orientales et occidentales, à réaliser la transition du Polythéisme progressif grec au Polythéisme social romain. Pleinement émancipé du théologisme, le grand César avait pressenti l'avénement du règne de l'Humanité, déjà confusément entrevu par Scipion l'Africain. Dans ce double essor de l'élite de l'Humanité, dans cet imposant spectacle de la grandeur et de la décadence de la Grèce, « rien n'a été fortuit, ajoute Comte, pas même les lieux, ni les temps, ni les individualités. »

Veut-on maintenant savoir comment se réveilla chez les Grecs l'essor continu de l'activité militaire, quoique politiquement stérile et qui devait aboutir à son développement intellectuel, puis à sa décadence complète et finalement à la grandeur de Rome, en transportant la suprématie guerrière de Grèce à Rome, sous l'universelle prépondérance de la domination romaine ? Auguste Comte va encore nous le dire.

Dans la transition du fétichisme au polythéisme, la grande création des Dieux développa l'activité intellectuelle, jusque-là livrée à une tendance spontanée à animer les corps proportionnellement à l'intensité de leurs phénomènes. Appelant l'homme à modifier le monde que le fétichisme respectait trop, le polythéisme fut éminemment favorable à l'activité militaire en développant l'intervention surnaturelle dans tous les actes humains. La transition du fétichisme au polythéisme donna alors naissance à deux sortes de pouvoirs : la puissance spéculative, purement sacerdotale ; la puissance active essentiellement militaire. La Grèce se trouva ainsi divisée en peuples théocrates, avec quelques colonisations monothéiques fondées par les castes théocratiques, et en peuples guerriers et polythéiques. L'alliance antipathique qui dut s'établir entre ces deux pouvoirs se termina par la soumission du pouvoir spirituel au pouvoir temporel, du sacerdoce au militarisme. Le passage du polythéisme théocratique au polythéisme militaire se vérifia chez les peuples où l'ensemble des conditions extérieures avait empêché le développement de la théocratie, en favorisant celui de la guerre. La civilisation de ces peuples avait été hâtée par d'heureuses colonisations provenant de pays soumis au régime des castes, mais dont un sol mal disposé n'avait pu l'enraciner de nouveau.

De cette immense évolution de l'activité humaine, Auguste Comte a retiré, d'après la continuité et la filiation historique, la loi suivante des trois phases : la guerre conquérante, la guerre défensive et l'industrie pacifique. La première période émane de la transition du fétichisme au polythéisme, s'alimente sous le polythéisme grec et progressif, se développe sous le polythéisme romain et social, et atteint toute sa plénitude sous l'empire de Charlemagne. La seconde période remplace la première après la chute de cet empire et se prolonge à travers le moyen âge. Enfin l'industrie moderne, qui débute au xve siècle, est appelée à terminer l'ère de la guerre. Ces trois périodes de l'activité humaine correspondent, sous le rapport intellectuel, aux trois périodes de la théologie, de la métaphysique et de la science, et sous le rapport moral aux trois autres périodes de la constitution de la famille, de la patrie et de l'Humanité.

On pourra réfuter, rejeter ou compléter cette théorie de la décadence de la Grèce, mais telle qu'elle a été formulée par Auguste Comte, c'est la seule et unique élaboration rationnelle que nous possédions. Ces considérations historiques, à propos du Darwinisme, n'ont d'autre but que celui de faire sentir les erreurs auxquelles on s'expose, en appliquant aux phénomènes sociaux la doctrine de la descendance et de la sélection naturelle. Avant d'apprécier une période historique, une nation ou un génie, il faut préalablement être en possession d'une théorie abstraite, sur le monde, la société et l'homme, qui puisse embrasser le passé et le présent. Sans cela, on n'a qu'un point dans le temps et dans l'espace, qui ne signifie absolument rien pris isolément. Une théorie positive du progrès humain doit embrasser la triple évolution de l'Humanité, active, intellectuelle et morale, correspondante aux trois facultés du cerveau.

Notre critique s'applique également au récent ouvrage de W. Bagehot, où nous avons en vain cherché une seule loi de l'histoire qui puisse justifier son double titre [1]. Nous aurions au contraire bien de fausses appréciations et bien des lacunes à relever. Au fond cet ouvrage, et d'autres d'égale nature, ne prouvent qu'une chose : c'est que l'on commence à comprendre que l'histoire n'est plus livrée au caprice de la révélation, ni du hasard, ni de l'intrigue, ni de la méthode chronologique des historiens. Le jour n'est donc pas loin où les lois de la filiation historique, découvertes ou déve-

---

1. *Lois scientifiques du développement des nations dans leurs rapports avec les principes de la sélection naturelle et de l'hérédité.* Paris, 1875.

loppées par Auguste Comte, seront universellement acceptées.

Il ressort de cette courte exposition que l'école Darwiniste ne s'est nullement rendu compte de l'immense portée *sociale* de sa conception zoologique. Cette lacune est surtout sensible à chaque point litigieux où Darwin montre, avec une extrême bonne foi, digne d'exemple, son impuissance à résoudre tel ou tel problème, et encore chaque fois que l'auteur croit être arrivé à une explication satisfaisante. C'est que le problème que Darwin s'efforce de résoudre biologiquement ou zoologiquement, n'est au fond qu'un problème de pure *sociocratie animale* en rapport intime avec un autre problème de pure *sociocratie humaine*. D'autres passages d'Haeckel accusent également la nécessité d'une base et d'un but social.

En appliquant la philosophie positive au système de Darwin, le grand problème consiste à établir, pour unité zoologique, non pas l'homme, mais l'*Humanité*, d'après la nature linéaire d'une telle hiérarchie et le véritable esprit taxonomique, déjà sensible dans la notion d'échelle zoologique. On complète donc l'entendement humain par l'entendement animal et on arrive à cette autre proposition de Comte : « Tous les principaux caractères que l'orgueil et l'ignorance exigent en priviléges absolus de notre espèce, se montrent aussi, à l'état plus ou moins rudimentaire, chez la plupart des animaux supérieurs. »

Ajoutons que les animaux ont les mêmes vertus et les mêmes vices des hommes, à un degré plus ou moins développé. L'ivresse, par exemple, est très fréquente chez les chevaux, les ânes, les chiens, les coqs, etc.; ce sont de vrais ivrognes de champagne, de vin, de bière, de kirsch, d'absinthe, etc.

Ainsi, pour instituer systématiquement la hiérarchie biologique, il faut faire succéder l'Humanité à l'animalité, comme celle-ci à la végétalité, dont la composition spéciale doit ensuite être analytiquement rapportée à ce triple fondement général. Si l'on isole, au contraire, ajoute Comte, la série animale du terme d'où elle procède et de celui où elle aboutit, c'est comme si l'on voulait bâtir à la fois sans base et sans but.

Comme on le voit, en dehors de la question sociale, il sera difficile d'étendre la doctrine du Darwinisme au delà du point où elle a été portée par l'école d'Haeckel. Darwin lui-même, en partant de son point de vue, a déjà éprouvé cette impression. Il dit en parlant des travaux d'Haeckel : « Si cet ouvrage avait paru avant que mon essai eût été écrit, je ne l'aurais probablement jamais achevé. Je trouve que ce naturaliste dont les connaissances sont, sur beaucoup de points, bien plus complètes que les miennes, a confirmé presque toutes les conclusions auxquelles j'ai été conduit. »

Malheureusement, on ne paraît pas avoir la moindre notion sociale et humanitaire à l'égard de la série animale. Haeckel, lui-même, dont l'esprit d'ordinaire est si clairvoyant, semble l'avoir perdue de vue, lorsqu'il traite d'erreur *anthropocentrique*, la doctrique mosaïque, qui « considère l'homme comme le but suprême et voulu de la création terrestre, l'être pour qui tout le reste de la nature a été créé. » Erreur qui, selon lui, a « été mise à néant par la théorie généalogique de Lamarck, » de même que l'erreur *géocentrique* a été anéantie par la théorie copernicienne [1].

S'il est vrai que Moïse a commis une erreur astronomique, que nous justifierons dans la dixième Monographie de cet ouvrage, il n'en est pas moins vrai qu'il avait eu un pressentiment vague, bien qu'il l'attribue à la divinité, de l'avénement de l'Humanité, qui est aujourd'hui portée sur son véritable terrain social et scientifique. C'est au contraire l'erreur *anthropo-excentrique* qui paralyse la théorie généalogique de Lamarck et du Darwinisme ; mais la véritable évolution positive nous sauvera de cette impasse.

E. Schmidt, compatriote d'Haeckel, ne

---

1. *Histoire de la Création*, p 36.

croit pas non plus commettre une erreur anthropocentrique, lorsqu'il s'exprime ainsi : « Pour ceux qui veulent approfondir la théorie de la descendance, l'application à l'homme n'est qu'un simple cas de déduction générale acquis par la méthode de l'induction... La théorie de la descendance doit transmettre à l'homme tous les résultats et toutes les lois qu'elle a plus ou moins clairement exposés... La théorie de la descendance est donc le seul recours réservé à celui que ne satisfait ni la croyance aux miracles, ni l'hypothèse de la révélation. Appliquer cette théorie à l'homme n'a rien d'audacieux, etc.[1]. » Il est évident que si « tous les résultats et toutes les lois » de cette doctrine doivent être « transmis à l'homme », l'homme devient forcément « le but suprême de la création », vers lequel tend l'évolution zoologique, et par suite le Darwinisme.

Quetelet apporte à l'appui de notre opinion celle de sa grande autorité statistique

---

[1]. *Descendance et Darwinisme.* Paris, 1874, p. 254-255.

et mathématique. Il considère l'homme comme étant, dans la société, l'analogue du centre de gravité dans les corps, comme la moyenne autour de laquelle oscillent les éléments sociaux. C'est en partant de cette donnée que ce savant a essayé d'établir les bases d'une *physique sociale* ou développement des facultés de l'homme. Il examine ensuite la loi de Malthus, et il trouve que la population tend à croître, selon une progression géométrique, comme on l'avait admis jusqu'ici ; mais que la résistance ou la somme des obstacles à son développement est, toutes choses égales d'ailleurs, comme le *carré de la vitesse avec laquelle la population tend à croître*. Il rejette, comme on le voit, la progression arithmétique du développement de la subsistance imaginé par Malthus et les économistes. La somme des obstacles qui agit en prévenant l'accroissement de la population compose les obstacles *privatifs*, tandis que celle qui agit en détruisant la population, à mesure qu'elle se forme, compose les obstacles *destructifs*.

Ainsi une population, en se développant librement, croît selon une progression géométrique : mais si le développement a lieu au milieu d'obstacles de toute espèce qui tendent à l'arrêter, et qui agissent d'une manière uniforme, c'est-à-dire, *si l'état social ne change point*, la population tend de plus à devenir *stationnaire*.

La population trouve, d'après M. Quetelet, dans sa tendance à croître, les causes qui doivent prévenir les funestes catastrophes, qu'on pourrait craindre par un trop-plein amené d'une manière brusque et devant lequel toute la prudence humaine viendrait échouer. Les obstacles à la vitesse d'accroissement agiraient, suivant lui, comme la résistance qu'opposent les milieux au mouvement des corps qui les traversent[1]. La loi de Quetelet n'est ainsi qu'une simple extension des lois physico-mathématiques aux phénomènes sociaux. Ce qui prouve encore une fois, après d'autres applications de même nature, réalisées par Comte,

1. *Physique sociale*. Paris, 1869, t. I, p. 149, 432-434.

l'analogie des lois physiques, intellectuelles, morales et sociales, dans des limites rigoureusement appréciables.

On sait que Darwin a tiré l'idée de la lutte pour l'existence de la doctrine économique de Malthus. En tenant parallèlement compte de la modification introduite par Quetelet, ainsi que des principes sociaux de Comte, on verra dans la septième Monographie que le dernier mot n'a pas encore été dit sur cette grave question. Nous devons finalement constater que les Darwiniens ont également gardé le plus profond silence sur les derniers travaux de Quetelet à propos de certaines questions sociales et anthropologiques d'un intérêt capital à leur point de vue.

En résumé, la théorie généalogique de la descendance fondée par Lamarck, et la théorie de la sélection ou du choix naturel (*selectio naturalis*), fondée par Darwin, doivent être envisagées comme une branche de la grande doctrine de l'évolution universelle et naturelle que le Positiviste développe et systématise. Comte a définitivement établi la loi abstraite de l'évolution humaine d'après les trois lois qui régissent respectivement la filiation historique de l'activité, de l'intelligence et de l'affection, inhérentes à l'Humanité, en embrassant sous une même loi générale, statique et dynamique, le passé, le présent et l'avenir.

Cette doctrine de l'évolution positive met une fin au dogme de la création surnaturelle, de la révélation et du miracle ! Tel est aussi l'aspect philosophique sous lequel il faut envisager le Darwinisme.

Il se produit actuellement en zoologie une révolution de même nature que celle qui se produisit en géologie à partir de 1830, grâce à l'impulsion systématique de sir Charles Lyell. Jusque-là, la métaphysique des cataclysmes incommensurables avait fait naître, en un clin d'œil, toute une cordilière des Andes, là où en réalité l'évolution extrêmement lente des révolutions terrestres n'avait jamais été rompue dans sa continuité fondamentale. Auguste Comte, Charles Lyell et Charles Darwin ont réduit au néant la fable téléologico-métaphysique des créations linnéennes et cuviériennes.

Il se peut que les biologistes et les naturalistes *ex professo* méconnaissent dans cette branche l'autorité d'Auguste Comte, de même que les mathématiciens, les astronomes, les physiciens, les chimistes et les historiens lui ont contesté son savoir dans ces autres spécialités, tout en profitant de son enseignement et de ses découvertes. Dans ce cas, nous allons en appeler au jugement loyal d'un de ses premiers disciples dont l'enthousiasme s'est cependant singulièrement refroidi depuis que sa foi positiviste, à l'exemple de celle de M. Littré, s'est arrêtée sur le seuil des sciences improprement nommées *exactes*; — comme si toutes les sciences ne comportaient point une base et un but scientifiques également exacts, dans des limites correspondantes au degré de complication et de spécialité des phénomènes qu'elles embrassent, depuis la mathématique jusqu'à la morale.

M. Charles Robin, membre de l'Institut, professeur à la Faculté de médecine, admirateur et vulgarisateur dès 1849 de la Philosophie positive[1], s'exprimait ainsi dix-huit ans plus tard dans son exposition de la Biologie : « J'ai vainement cherché ailleurs que dans Auguste Comte des vues d'ensemble plus profondément justes et lumineuses, concernant tout ce qui tient à l'objet et au but de la Biologie, à ses relations avec les autres sciences, à la nature et à l'étendue de ses recherches essentielles, aux moyens d'investigation qui lui sont propres et aux parties de la logique en particulier, de la philosophie en général, qu'elle développe et affermit. Aussi ai-je été forcé de suivre, presque pas à pas, ce philosophe dans cette partie de mon travail, etc.[2]. »

---

1. *Du Microscope*, etc., Paris, 1849, deuxième partie, p. 1-196.
2. *La Philosophie positive*. Revue dirigée par E. Littré et G. Wyrouboff, Paris, 1867, t. I, p. 81.

Des paroles aussi explicites dans la bouche du professeur Charles Robin sont au-dessus de tout commentaire.

L'élaboration biologique d'Auguste Comte n'embrasse pas moins de 748 pages in-8° d'impression très-compacte, comprenant son *Traité de philosophie biologique,* en 576 pages, écrit du 1ᵉʳ janvier 1836 au 31 décembre 1837 [1]; son introduction synthétique de la Biologie, en 172 pages, publiée en juillet 1851 [2]. On trouve encore de nombreuses considérations semées dans le cours de tous ses écrits, ainsi que huit lettres sur la *maladie*, adressées au docteur Audiffrent, de 1854 à 1855, dans lesquelles il ébauche la grande théorie pathologique qu'il devait élaborer dans son *Traité de morale théorique.* La théorie positive de la maladie d'après celle du cerveau, les devoirs de la corporation médicale d'après l'œuvre de la régénération moderne, les principes et le but de

1. Considérations philosophiques sur l'ensemble de la science biologique. — *Cours de Philosophie positive*, Paris, 1838, t. III, p. 269-845.
2. Introduction directe, naturellement synthétique, ou biologie. — *Système de Politique positive*, Paris, 1851, t. I, p. 564-736.

l'École médicale de Paris, ont été exposés par le docteur Audiffrent dans son *Appel aux Médecins*.[1] Dans une deuxième publication, le docteur Audiffrent extrait de la Philosophie positive la théorie de Comte sur les fonctions du cerveau et il l'expose avec tous les développements qu'elle comporte, en y rattachant tout ce qui se rapporte à l'innervation[2]. En outre, le docteur Audiffrent vient de faire paraître un traité supplémentaire des maladies nerveuses et cérébrales dans leurs applications à la pathologie, où il explique la succession des phénomènes que présentent nos appareils nerveux et cérébraux[3]. Pour compléter les principales applications de la doctrine médicale de Comte, nous devons ajouter les études suivantes du docteur Audiffrent : sur la *Théorie de la vision*, et sur l'*Aphasie* (Paris, 1866); des *Epidémies, leur théorie positive*

---

[1]. Paris, 1862, in-8 de xii-197 p.
[2]. *Du cerveau et de l'innervation*, d'après Auguste Comte, Paris, 1869, in-8 de xii-528 p.
[3]. *Des maladies du cerveau et de l'innervation*, d'après Auguste Comte, Paris, 1875, in-8 de xxii-933 p.

d'après Auguste Comte (Paris, 1866) et *Etudes sur la digestion* (Marseille, 1866) ; *Des symptômes intellectuels de la folie*, thèse pour le doctorat en Médecine, par le Dr Sémérie (Paris, 1867) ; *Des quatre sens du toucher et en particulier de la musculation ou sens musculaire*, par le Dr Dubuisson (Paris, 1874). On trouvera dans notre *Bibliographie positiviste*, qui paraîtra à la suite du volume actuel, tous les écrits médicaux qui se rapportent à la doctrine d'Auguste Comte.

Le fait même d'avoir adopté le terme de *Biologie*, démontre combien Auguste Comte était pénétré de son sujet ; car à cette époque, ce mot et encore moins la doctrine étaient très-peu répandus et bien moins appréciés. On sait que le terme Biologie (*doctrine de la vie*) fut créé en 1802 par Lamarck et Tréviranus, indépendamment l'un de l'autre. D'autre part, la société française de Biologie ne fut fondée qu'après l'élaboration d'Auguste Comte, au mois de mai 1848 : « Dans le but d'étudier, avec des vues d'ensemble et par les voies de l'observation et de l'expérimentation, les phénomènes qui se rattachent à la science de la vie, à la biologie, tant normale que pathologique. » On sait encore comment cette société, ainsi que toutes ses sœurs, a dégénéré en de vaines expositions analytiques dépourvues de cet esprit d'ensemble préconisé d'après une synthèse générale.

Finalement, à une époque où Lamarck était complétement tombé dans l'oubli, Auguste Comte eut le mérite incontestable d'avoir su apprécier, rectifier et compléter une doctrine qui est aujourd'hui devenue le pivot du Darwinisme.

Terminons en disant aux Comtistes : Suivez le mouvement Darwinien, prenez les faits scientifiques que cette école accumule rapidement et faites-en votre profit au point de vue de la méthode positive.

Nous dirons ensuite aux Darwinistes : Suivez aussi le mouvement Comtiste; prenez les lois abstraites que le Positivisme a développées et faites-en votre profit au point de vue de votre systématisation partielle, mais incomplète tant qu'elle ne peut rentrer dans la synthèse universelle et humanitaire.

Une fois dans cette voie, on reconnaîtra que l'étude du cerveau — de l'âme humaine — doit être subordonnée à l'inspiration sociologique, puis confirmée par la vérification zoologique. On reconnaîtra que le but suprême de la science consiste à atteindre l'harmonie mentale, en subordonnant la personnalité à la *Sociabilité* en vue de l'Humanité, en vue du nouveau MESSIE ! C'est alors que la loi de *l'union*, qui nous a conduit à la loi de *l'unité*, nous conduira finalement à la loi de la *continuité* biologique et sociologique.

Une fois dans cette voie, deux écoles et deux doctrines qui émanent du principe de *l'évolution* et de la *filiation* finiront sans doute à la longue par s'embrasser sur le même terrain.

CHAPITRE VI

LA POLITIQUE NÉGATIVE ET LA POLITIQUE POSITIVE [1]

> « La Politique positive, fondée sur l'histoire, subordonnée à la morale. »
>
> A. COMTE.

La chute du moyen âge au XIIIe siècle entraîna, dans toute l'Europe, une révolution mentale que n'a fait qu'aggraver la crise française de 1789. Cette révolution n'a pas encore acquis un caractère décisif. Tantôt sourde, tantôt bruyante, elle oscille entre la

---

[1]. Ce chapitre a été écrit en juin 1874 et publié à part en février 1875 (in-18 de 36 p., chez Ernest Leroux.) En dépit de la République-Wallon, nous n'avons pas encore de constitution organique, et lorsqu'elle viendra reste à savoir ce qu'elle sera. Depuis presque cinq ans l'anarchie Parlementaire, que Comte signalait dès 1819, étend toujours ses ravages funestes! Ainsi ce chapitre n'a point perdu, depuis un an, son actualité.

rétrogradation et l'anarchie, laissant toujours redouter de nouvelles tempêtes politiques sans solution. Cette crise ira s'aggravant, tant qu'elle n'aura pas atteint le développement nécessaire dont le positivisme entrevoit déjà la limite. Cette phase critique, telle que nous l'envisageons, émane de l'interrègne intellectuel qui s'est produit à la suite de l'épuisement du théologisme et de l'impuissance organique de l'ontologisme. Cette double décomposition caractérise la lutte de la révolution occidentale qui a déjà duré cinq siècles.

A partir de 1789, on a senti la nécessité impérieuse de concilier radicalement l'*ordre* et le *progrès*, base organique de toute stabilité sociale. A défaut d'une doctrine qui s'adaptât réellement à la situation, l'empirisme s'est vu forcé de rattacher l'ordre au type rétrograde et le progrès au type révolutionnaire. Mais dans l'un et l'autre de ces camps, il y a absence réelle de convictions; elles ont même fini par perdre tout caractère d'honnêteté.

Leurs prétendus chefs ne peuvent obtenir ou conserver, qu'à l'aide d'une hypocrisie dégradante, l'autorité, qui, graduellement ou par convulsions révolutionnaires, ne tarde pas à passer des supérieurs aux inférieurs. Voilà comment, depuis que le besoin de reconstruire est devenu prépondérant, le scepticisme qui ne convenait qu'au siècle de la démolition, constitue le principal obstacle à la véritable émancipation.

Le besoin impérieux d'organiser l'ordre et le progrès a fait graduellement surgir sous le nom de *Conservateurs,* un parti nombreux et puissant, qui s'efforce sincèrement d'écarter à la fois les rétrogrades et les révolutionnaires. C'est là que réside habituellement l'autorité politique, qui ne passe en d'autres mains qu'à la suite des tempêtes rétrogrades ou révolutionnaires. Mais une telle prépondérance est toujours neutralisée par l'absence d'une doctrine appropriée à cette destination. Les conservateurs obéissant à leurs principes empiriques, en consacrant à la fois la rétrogradation théologique et l'anarchie métaphysique, afin de pouvoir opposer l'une à l'autre, ne font qu'éterniser l'état révolutionnaire. Ils deviennent alternativement anarchiques ou rétrogrades, selon qu'ils aspirent au gouvernement ou qu'ils le détiennent. En un mot, les conservateurs font, à leur manière, un mélange dangereux du droit divin et du droit de la souveraineté populaire.

Au nom de l'ordre, les monarchistes se portent vers la théologie rétrograde; au nom du progrès les républicains se portent vers la métaphysique révolutionnaire; au nom d'une nivellation entre l'ordre et le progrès, les conservateurs fluctuent de l'une à l'autre progression suivant la situation. De là, le double caractère de notre dissolution transitoire, laquelle se reconnaît dans le progrès politique devenu essentiellement négatif, tandis que l'ordre public est maintenu par une résistance de plus en plus rétrograde.

Les conservateurs empiriques qui s'efforcent de surmonter les rétrogrades et les révolutionnaires ont plus d'affinité avec les premiers qu'avec les seconds. Cette préférence consiste en ce que les rétrogrades déchus rappellent les conditions d'ordre, tandis que les révolutionnaires émanés d'une décomposition croissante, n'indiquent vaguement les aspirations au progrès qu'en les liant à des doctrines purement subversives, qui font méconnaître la nature et le caractère de la régénération.

Pour apprécier à leur juste valeur les tendances rétrogrades, il faut reconnaître qu'aucun grand problème ne peut être vraiment posé que d'après une solution quelconque. C'est ce qui explique le besoin que l'on éprouve, dans les périodes orageuses, comme celle que nous traversons, de s'appuyer sur la rétrogradation afin de combattre l'anarchie.

On peut donc amener les rétrogrades à reconnaître que leur conduite est contradictoire, puisqu'ils aspirent à l'unité sans remplir ses principales conditions. Cette unité doit être autant mentale que sociale, pour terminer une révolution plus spirituelle que temporelle.

Les rétrogrades conçoivent le XIXe siècle en l'isolant du XVIIIe, de manière à rompre la chaîne des temps dès son premier anneau. Ils apprécient le moyen âge en écartant sa filiation indispensable avec l'antiquité; méconnaissant ainsi l'indivisibilité de l'ordre humain, ils ne font qu'instituer une synthèse partielle, locale et temporaire, qui ne peut dominer l'avenir faute d'embrasser le passé.

En vertu de la décomposition des croyances, les rétrogrades ne paraissent pourvus d'une doctrine que comparativement aux révolutionnaires qui consacrent l'état négatif. Ne pouvant mettre leurs pensées en harmonie avec leurs sentiments, les conservateurs sont également impuissants.

Il n'existe pas plus d'homogénéité parmi les degrés successifs de la décomposition spontanée du parti rétrograde. Ses défenseurs les plus dogmatiques se trouvent d'abord divisés en deux camps, l'un religieux, l'autre politique, plus discordants que ne furent, au moyen âge, l'esprit catholique et l'instinct féodal, empiriquement combinés par la chevalerie. Ensuite, ses admirateurs temporels se partagent entre l'aristocratie et la royauté. Plusieurs divisions secondaires ont pris naissance de ces deux schismes principaux, quand la situation a fait momentanément prévaloir les rétrogrades. Dans l'un, les défenseurs systématiques du régime rétrograde deviennent d'ardents révolutionnaires à un moment donné; dans l'autre, malgré leur respect dogmatique pour l'autorité, ils ne peuvent résister aux séductions du principe anarchique, qui dispose chaque individualité à s'ériger en juge suprême de toutes les questions.

Toutefois, il est bon de remarquer, qu'envisagé sous son aspect politique, le régime rétrograde renferme la base des conditions générales de l'ordre humain, d'après la doctrine de la légitimité peu souvent appréciée à sa véritable valeur. Cette doctrine consiste, en effet, d'une part à faire respecter le pouvoir en vertu de son *origine*, indépendamment de son exercice; d'autre part à *transmettre* l'autorité suivant le mode de transmission de la propriété. L'anarchie empirique a pu seule discréditer ces prescriptions connexes, mais le positivisme les fera revivre en les systématisant pour instituer l'état normal. La première prescription caractérise un besoin de plus en plus urgent; car ce n'est qu'après un long exercice du pouvoir qu'ils arrivent à le faire respecter, et lorsque la possibilité de l'exercer leur est enlevée, ils se trouvent presque annihilés. La seconde prescription indique également une similitude nécessaire entre la puissance civile et la force politique, car l'harmonie sociale reste insuffisante, quand la transmission du commandement ne s'opère pas de la même manière que celle de la richesse.

En acceptant le programme politique et moral des rétrogrades, le positivisme démontre en même temps que sa réalisation appartient exclusivement à la religion de l'Humanité. Le théologisme est tellement épuisé, qu'il est aussi impuissant à consacrer un pouvoir qu'à le discipliner, et qu'il le compromet, alors même qu'il s'efforce de le protéger. C'est en représentant les chefs temporels, civils ou politiques, comme *des Ministres de l'Humanité*, qu'on inspirera, envers eux, une vénération, que l'invocation de Dieu dispose maintenant à leur refuser. Mais cette consécration exige que la continuité se trouve pleinement respectée dans la transmission de tout pouvoir, en procurant à chaque fonctionnaire la faculté de choisir son successeur. Par ce développement décisif de l'autorité privée et publique, le positivisme satisfait directement à la double prescription que les légitimistes ont vainement proclamée.

L'explosion française du xviiie siècle a manifestement démontré l'impossibilité de maintenir le régime graduellement décomposé depuis la fin du moyen âge. Mais le triomphe politique de la révolution moderne dévoila son impuissance organique, et l'imminence de l'anarchie ranima les dispositions rétrogrades. Quand la situation politique parut s'être modifiée au point de reprendre les anciens errements, les révolutionnaires secouèrent leur torpeur, et la lutte reprit entre eux et les rétrogrades ; et, à défaut de principes, souvent même de convictions, ces deux doctrines, également épuisées, s'alimentèrent et se neutralisèrent mutuellement. Dès lors leur objectif respectif, qui consistait pour l'un à constituer l'ordre et pour l'autre à provoquer le progrès, fut perdu de vue et échoua complétement. Une analyse impartiale nous démontre que, dans les périodes provisoires, les instincts de perfectionnement sont inférieurs aux instincts de conservation. Aspirant à construire, quoique d'après un mode vicieux, les rétrogrades se montrent plus conformes au vrai caractère organique de notre temps que les révolutionnaires, qui, par leurs tendances naturelles, sont portés à perpétuer l'esprit de démolition ou de rénovation à outrance du xviiie siècle. Les uns, en résumé, ne repoussent que la régénération brusquement accomplie, tandis que les autres recherchent les réformes radicales et les veulent immédiates.

Ces deux écoles, qu'elles appartiennent à la rétrogradation ou à la rénovation, sont diversement vicieuses, mais peuvent être également utilisées d'une façon secondaire. Pour cela, il suffit de transférer l'installation décisive de la transition organique chez les vrais conservateurs systématisés, jusqu'à leur fusion finale avec les positivistes, qui seuls peuvent dignement servir l'ordre et le progrès. Pour atteindre ce but, il faut, premièrement, rendre aux trois nations catholiques également préservées de l'empirisme protestant, déiste, aristocrate et parlementaire, leur ancienne suprématie politique usurpée au XVIe siècle par le protestantisme officiel; ensuite, conférer l'initiative de la régénération humaine à la préséance méridionale, sous la présidence, convenablement épurée et développée, de la France; cimenter, en un mot, l'union des races d'origine latine.

Dans tous les cas, la transition destinée à terminer la révolution occidentale ne peut échoir ni aux peuples, ni aux partis qui ont provoqué l'élaboration des doctrines négatives et des actes révolutionnaires, jamais organiques. En suscitant une émancipation incomplète et contradictoire, ces partis sont devenus, de ce fait même, impuissants à construire l'ordre et le progrès. De son côté, le parti conservateur ayant fait preuve d'impuissance, il ne nous reste plus qu'à régénérer la royauté déchue. Pour y arriver, il suffit de changer le caractère rétrograde qui la fit irrévocablement déchoir et enfin tomber, quand un siècle de dégénération croissante eut pleinement dissipé les sympathies populaires que son aptitude progressive avait graduellement développées. Après l'avoir dépouillée de son caractère absolu et divin, il faut substituer *l'hérédité sociocratique*, caractérisée par le libre choix du successeur, à l'hérédité théocratique, uniquement fondée sur la naissance. Vainement espèrerait-on obtenir le mode de transmission le plus favorable à la plénitude du commandement sans donner au progrès les garanties qui, seules, peuvent procurer une telle faculté. La France n'est pas disposée à montrer plus de zèle en faveur de la légitimité dynastique qu'en faveur de la légitimité parlementaire; bien que son amour de l'ordre la disposât à favoriser l'avènement d'un successeur au trône par voie d'hérédité, le sort qu'éprouva le testament de Louis XIV, quand les mœurs monarchiques étaient moins altérées, indique que les volontés posthumes d'un monarque pèsent d'un faible poids dans la balance de la nation, lorsqu'elles ne sont pas conformes à ses vœux.

En remontant de la déchéance de la royauté sous l'impulsion du moyen âge et de la désorganisation moderne, jusqu'à l'origine de l'hérédité théocratique, on sent profondément la connexité nécessaire de la monocratie républicaine avec l'hérédité sociocratique, qui doit aujourd'hui caractériser la dictature progressive. Par ce moyen, la République française se trouverait purifiée de toute origine insurrectionnelle, grâce au libre choix qu'elle ferait de son chef spontanément investi d'une confiance exceptionnelle et d'un pouvoir purement temporel.

L'acclamation du régime impérial n'a eu d'autre raison d'être que celle de conférer la plénitude politique à celui qui, nous délivrant du régime parlementaire, poussa la crise finale vers sa dernière phase. En se proclamant *dictateur perpétuel* de la République française et en s'attribuant le choix de son successeur, il complétait la transformation qui peut seule installer la transition organique, dont la conception est entièrement systématisée.

Nous entrons actuellement dans la transition organique réservée à notre siècle, qui sera pour le positivisme, ce que fut le siècle de Constantin et de Théodose pour le catholicisme. Les deux générations qui nous ont précédés, ont été, l'une, d'abord révolutionnaire, puis rétrograde, à la suite de l'orgie militaire qui souilla la crise finale ; l'autre, à la fois révolutionnaire et rétrograde, c'est-à-dire parlementaire.

A défaut d'une vraie doctrine organique, le parlementarisme conserve encore une suprématie temporelle, ne comportant d'autre guide qu'un empirisme sceptique sous les auspices d'assemblées rétrogrades, toujours disposées à perpétuer l'état révolutionnaire.

Une pleine liberté d'expression et de discussion n'est véritablement dangereuse que quand elle est envisagée au point de vue de l'esprit métaphysique, dont le communisme représente la dernière forme sociale. Voilà pourquoi la doctrine organique du positivisme peut seule surmonter les perturbations du socialisme, en extirpant des sophismes devenus anarchiques. Le positivisme a déjà fourni cette sécurité en disciplinant des âmes profondément anarchiques, que le théologisme jugeait incurables. Grâce au positivisme, il devient de plus en plus facile de satisfaire d'une part, l'amour abstrait de la liberté d'exposition et de discussion chez les théoriciens, sans responsabilité du présent; et d'autre part, de satisfaire de même les craintes fondées des praticiens, responsables du maintien de l'ordre matériel, au milieu du désordre spirituel, sans pour cela leur permettre de sacrifier le présent à l'avenir.

Les positivistes personnifient, par excellence, le parti de l'ordre et du progrès; car, dès qu'ils surmontent les dispositions subversives, l'ordre ne peut rester rétrograde, le progrès cessant d'être anarchique. Il n'en est pas de même des partis politiques et religieux qui s'efforcent d'établir leur discipline sur l'antagonisme des instincts matériels, en dédaignant le passé et en négligeant l'avenir.

Les positivistes consacrent la continuité historique, pour faire prévaloir les conceptions générales sur les notions spéciales, en subordonnant les instincts personnels aux sentiments sociaux. Ils ont seuls conçu et harmonisé l'ordre abstrait des individus avec l'ordre concret des offices. Les positivistes ont donc un triple principe, philosophique, politique et religieux, qui les achemine vers l'unité humaine en vertu d'une foi démontrée.

Au contraire, où la solidarité n'est sentie que dans ses rapports les plus grossiers, où la continuité reste inconnue, où, en maudissant nos ancêtres, on rompt la chaîne des temps, l'éruption de l'individualisme altère profondément la concorde domestique et encore plus la morale publique. Car, au fond, le principe révolutionnaire consiste dans la rupture de la continuité historique, qui nous conduit à l'individualisme, où chacun s'érige en puissance absolue, spirituelle ou temporelle.

Les deux écoles qui concourent au mouvement moderne, l'une par la liberté, l'autre par l'égalité, ont fait spontanément surgir, dès le début de la révolution occidentale, au XIVe siècle, une distinction qui s'est de plus en plus accentuée. Destinée à manifester une irrévocable renonciation au régime ancien, l'élément négatif de la grande révolution se résuma tout entier dans une devise profondément contradictoire : *Liberté, Égalité*. Cette devise accusait l'ignorance de l'état final et repoussait à la fois toute organisation réelle. Cette incompatibilité se trouva dissimulée aussi longtemps que le progrès politique consista surtout à détruire un régime devenu rétrograde. Mais, quand il fallut construire, la crise croissante fit sentir que le libre essor développe les différentes catégories, surtout intellectuelles et morales. Pour maintenir le niveau, il fallait toujours comprimer l'évolution. Le nivellement exigeait la compression permanente des supérieurs, pendant que le libre essor développait l'inégalité. Et cette devise, où la haine du passé suppléait à la conception de l'avenir, inspira à Condorcet une première tentative avortée, pour fonder la politique sur l'histoire. La prépondérance finale de l'esprit historique s'annonçait déjà inconsciemment sous l'ascendant d'un esprit anti-historique.

Cette scission est analogue à celle des lettrés et des prolétaires. Les prolétaires, aujourd'hui, recrutent dans leur sein les chefs et les membres de la démocratie occidentale. Mais tandis que les lettrés prêchent surtout l'*Égalité*, les seconds préfèrent spontanément la *Liberté*, suivant, les uns et les autres, leurs tendances respectives vers la domination ou l'amélioration. Néanmoins, les lettrés aspirent à la liberté quand ils sont comprimés, et les prolétaires à l'égalité lorsqu'ils espèrent prévaloir.

La confusion métaphysique de ces deux puissances, prolonge l'état révolutionnaire, et caractérise l'anarchie moderne. Au contraire, depuis que l'*Égalité* ne peut plus être confondue avec la *Fraternité*, la persistance à niveler indique toujours une infériorité de cœur et d'esprit qui rend incapable de seconder la régénération occidentale.

L'anarchie moderne comporte encore parmi les révolutionnaires un nouveau contraste suivant les deux modes précédents. Leurs dogmes flottent entre deux aberrations contraires : le *Communisme* et l'*Individualisme*. Cette distinction émane des efforts que ces deux écoles font, afin de concilier « le concours avec l'indépendance », propres à l'état normal de la société. Cette conciliation ne put être ébauchée que sous la dernière phase du moyen âge, pendant la période du monothéisme défensif. La révolution moderne a fait diverger de plus en plus ces deux conditions de l'ordre, et les exigences du progrès firent prévaloir l'indépendance sur le concours, inversement au caractère politique de l'antiquité. Depuis que la destination organique de la crise finale est devenue appréciable, l'instinct révolutionnaire pousse plus au communisme qu'à l'individualisme. Ces deux tendances ne cesseront de coexister jusqu'à ce que le positivisme ait pu concilier l'indépendance avec le concours.

Jusque là, la science politique peut obtenir plus d'assistance des communistes que des individualistes. Si l'on considère l'influence révolutionnaire des prolétaires, la seule qui puisse causer de l'inquiétude, on voit que les communistes caractérisent l'anarchie propre aux villes, et les individualistes celle des campagnes.

Dans la question sociale la plus orageuse, dans la propriété par exemple, les individualistes tendent vers la dispersion indéfinie des richesses, tandis que les communistes poussent à leur concentration absolue. Le communisme annonce le dérèglement de l'altruisme, et l'individualisme consacre la prépondérance de l'égoïsme. En somme, le communisme apparemment plus anarchique, parce qu'il est plus imminent, indique la transformation qu'il ébauche dans l'instinct révolutionnaire, lequel s'efforce de quitter le caractère critique pour prendre l'attitude organique.

Au nom du sentiment social, le positivisme fera bientôt comprendre aux meilleurs communistes que la solidarité reste insuffisante, et même contradictoire, quand elle n'est pas subordonnée à la continuité historique. Le positivisme fera d'autre part comprendre aux individualistes qu'ils font autant prévaloir le présent sur l'avenir que sur le passé; qu'ils consacrent la routine révolutionnaire, se bornant à disputer la possession du pouvoir, sans discipliner son exercice autrement que par des restrictions anarchiques.

Si la révolution moderne est une révolution essentiellement intellectuelle et morale, le remède doit consister à poser les bases d'une philosophie qui puisse nous permettre d'établir par la démonstration, une nouvelle *foi*, non moins opposée aux fictions théologiques qu'aux abstractions métaphysiques. Ensuite, la destination éminemment sociale du progrès, réclame une synthèse universelle qui puisse satisfaire également l'activité, l'intelligence et le sentiment.

Au milieu de l'anarchie mentale qui se développe depuis la fin du moyen âge, on s'aperçoit que l'extinction de l'esprit théologico-métaphysique coïncide avec l'ascendant graduel de l'esprit positif. Cette opposition n'a rien de fortuit, puisque la décadence de l'ancienne philosophie résulte de l'évolution de la nouvelle, sans laquelle la foi surnaturelle aurait toujours surmonté l'ontologie dissolvante. Ceux qui se défendent d'être des positivistes sont simplement inconscients de ce qu'ils disent et de ce qu'ils font dans cette voie. La nature absolue du catholicisme l'empêcha d'agir sur les chefs politiques avant que de les avoir convertis. Au contraire, le caractère relatif du positivisme agit spontanément sur les masses. D'après la grande loi dynamique de l'évolution intellectuelle de l'Humanité, le positivisme considère toutes les doctrines antérieures comme ayant déjà convergé vers la sienne, et cette disposition est encore bien plus forte pour les opinions contemporaines. Ainsi, aux yeux de l'Humanité, tous les hommes sont, surtout aujourd'hui, des positivistes spontanés, à divers degrés d'évolutions qui ne désirent que d'être complétées. Cette épuration s'opère par de nouvelles transformations positivistes, de certaines notions propres aux sciences supérieures qui sont encore restées, dans leur esprit, à l'état théologique ou métaphysique, en vertu de la complication croissante des phénomènes dans la hiérarchie encyclopédique. Ces notions sont principalement de l'ordre vital, social et religieux, que l'empirisme dissolvant s'efforce toujours de soustraire aux lois générales du progrès humain. Mais la spontanéité du positivisme se fera énergiquement sentir et modifiera la vie publique, aussitôt que la situation sociale aura fait surgir une volonté prépondérante et responsable. Jusque là, les gouvernants et les gouvernés seront fatalement condamnés à l'impuissance et au quiétisme, au milieu de la plus active dissolution.

Pour instituer la transition finale, il suffit de concilier la *Dictature* avec la *Liberté*, suivant le vœu systématique de Hobbes, spontanément réalisé par Frédéric le Grand, au milieu du mouvement irréligieux.

Une pleine liberté d'exposition et de discussion est indispensable comme garantie permanente contre la dégénération, toujours imminente, d'une dictature empirique en une tyrannie rétrograde. La compression nuit bien plus à l'ordre qu'au progrès, poussant l'instinct populaire à regarder les bases de la société comme ne comportant point une légitime défense, puisque leur examen reste interdit malgré le calme matériel. D'un autre côté, depuis que le positivisme permet de surmonter les dispositions subversives, l'ordre ne peut pas rester rétrograde, quand le progrès cesse d'être anarchique. Alors la dictature obtient la consistance convenable en prenant un caractère progressif, en renonçant entièrement aux attributions spirituelles pour se concentrer dans son office temporel.

La phase de transition organique dans laquelle nous entrons, réclame ainsi, pour se garantir contre la rétrogradation monarchique, ou l'empirisme républicain, ou l'anarchie socialiste, une *Dictature monocrato-républicaine*, capable de maintenir l'*ordre* et le *progrès*. Cette dictature devra s'étendre à toute l'Europe, et même à l'Amérique, suivant le mode et l'époque de l'émancipation théologo-métaphysique des nations envisagées. Mais, afin que l'ordre ne soit pas perturbé, il importe que cette transition soit instituée d'en haut, et jamais d'une insurrection d'en bas. En renonçant à la violence, on établit, entre les gouvernants et les gouvernés, la libre pente qui doit amener une conciliation durable entre deux nécessités équivalentes et simultanées.

Les deux conceptions du mot *ordre*, signifient *commandement* et *arrangement*. Tant que dura notre enfance, destinée plutôt à développer les forces humaines qu'à les régler, le commandement prévalut sur l'arrangement, qui ne pouvait surgir, faute d'une base extérieure. L'âge adulte, au contraire, se caractérise par la prépondérance de l'arrangement, qui, d'après sa base objective, requiert seulement l'intervention du commandement pour compléter nos décisions politiques. Ainsi, le renversement de la subordination mutuelle, propre aux deux sens du mot *ordre*, fait ressentir le contraste entre l'ancienne synthèse absolue et la nouvelle synthèse relative. En effet, cette inversion spontanée résume la substitution décisive des *lois* aux *causes*. Elle marque, en outre, notre tendance croissante à faire prévaloir la discipline spirituelle sur la discipline temporelle.

Quand l'ascendant de la foi positive aura assez modifié les mœurs, elle permettra l'organisation d'un *Triumvirat* systématique, propre à la dernière phase de notre transition organique, qui précédera l'avénement définitif de l'ère positiviste.

La Dictature monocrato-républicaine, devra premièrement reposer sur la séparation radicale des deux pouvoirs, temporel et spirituel. Le pouvoir temporel sera garanti par la pleine liberté d'exposition et de discussion. Le pouvoir spirituel le sera par la suppression du budget théorique (théologique, métaphysique et scientifique), comme étant aujourd'hui également pernicieux au progrès intellectuel et moral, d'une société sceptique, qui consacre le mensonge en ces trois pouvoirs spirituels,

Par leur caractère absolu et analytique, ces trois éléments sont profondément dissolvants sous la transition organique. Leur épuration étant actuellement impossible, à défaut d'une foi démontrée, leur suppression est grandement préférable. C'est ce que fit la Convention en 1793. Nous le démontrerons dans notre élaboration complète de la *Politique positive*.

Voilà comment l'union des conservateurs-républicains avec les républicains-conservateurs doit bientôt délivrer l'Occident d'une fatale alternative entre le joug des démagogues-rétrogrades et celui des rétrogrades-démagogues.

Le nom de *Constructeur*, caractérisera le nouveau parti qui concilie l'ordre et le progrès dans les deux camps opposés, dont l'un persiste à rêver la rétrogradation, et l'autre la démolition. Toutefois ce titre, qui marque la disposition à construire sans déterminer la nature de la construction, sera bientôt refondu, dans la qualification de *Positiviste*, seule apte à définir l'ensemble des tendances organiques, tant religieuses que politiques.

En résumé, la filiation historique nous révèle que l'anarchie moderne n'est que le dernier degré d'une immense perturbation mentale, dont l'origine remonte jusqu'à la dernière dissolution des théocraties antiques, seuls types complets et provisoires que l'ordre social ait admis jusqu'ici.

Depuis trente siècles on voit toujours surgir le principe révolutionnaire de l'élection des supérieurs par les inférieurs. Ce principe menace aujourd'hui de renverser la société politique. Au début, cela n'avait d'autre destination que de modifier le régime des castes, profondément oppressif; mais comme ce principe de transition ne faisait que remplacer l'ancien, également transitoire, son influence est devenue dissolvante, et finalement subversive. De là cette longue maladie sociale de l'Occident, qui, « cérébralement analysée, constitue une aliénation chronique, essentiellement intellectuelle, habituellement compliquée de réactions morales, et souvent accompagnée d'agitations matérielles. »

Le caractère du diagnostic consiste en ce que la méditation ne rectifie pas la contemplation, surtout envers la loi de la continuité historique. Jamais l'étymologie d'*aliénation* ne put convenir davantage que dans cette triste situation, où les populations méconnaissent brutalement le noble joug du passé, tout en rêvant l'avenir. Le positivisme peut seul terminer cette maladie sociale, en substituant l'hérédité sociocratique à l'hérédité théocratique, sans rompre jamais la continuité humaine.

Pour cela, il faut commencer par épurer le parti républicain en éliminant de son sein l'esprit métaphysique.

Le positivisme a déjà fait disparaître cette perturbation des sciences les plus simples, et il est dans la voie de l'éliminer des sciences les plus compliquées, c'est-à-dire de la politique, de la morale et de la religion.

L'épuration politique des vrais républicains consistera donc à expulser les purs niveleurs, partout indisciplinables et révolutionnaires, et très-inférieurs de cœur et d'esprit. On pourra alors ébaucher la *Sociocratie* de l'avenir, en transformant la légitimité monarchique en légitimité républicaine, sous la présidence des conservateurs réformés.

Mais avant, il faut consolider une Dictature vraiment républicaine et progressive.

De fait, la dictature sous la forme monarchique, puis aristocratique et aujourd'hui presque républicaine, gouverne l'Occident depuis le commencement de l'ère révolutionnaire, depuis la fin du XIIIe siècle, où la décomposition du régime catholico-féodal se fit sentir.

Tout pouvoir suppose confiance dans ceux qui l'acceptent, responsabilité dans celui qui l'exerce ; car une force sociale, si limité que soit le cercle de son action, n'est installée qu'autant qu'elle a acquis un organe unique. Il en est de même au point de vue physique : toute force motrice requiert un moteur générateur. Sous le rapport biologique, le cerveau constitue l'organe central régulateur de nos actes physiques, de nos facultés intellectuelles et morales, de la santé et de la maladie. Sociologiquement parlant, l'Humanité représente notre grand créateur et notre grand régulateur, à la fois dans le temps et dans l'espace.

« La dictature n'est autre chose, au fond, dit le Dr Robinet, que la concentration dans les mêmes mains, du pouvoir législatif et du pouvoir exécutif : Le premier portant de plus en plus sur les intérêts d'ordre matériel et administratif, et de moins en moins sur les choses spirituelles. Que la dictature fasse les lois et les décrets nécessités par la gestion des affaires temporelles ; que l'assemblée qui lui est adjointe soit purement administrative, financière, chargée de voter et de contrôler son budget ; qu'elle soit choisie par le suffrage universel, pour éviter les intrigues de la richesse et de la capacité ; mais que jamais un parlement omnipotent et irresponsable, accaparant toutes les hautes fonctions sociales et tous les pouvoirs, confondant le spirituel et le temporel, n'émette arbitrairement des lois sur la religion, la morale, la philosophie, la science, la politique et l'industrie! Des praticiens appelés à légiférer en matière spirituelle et des théoriciens pourvus d'une autorité politique pour imposer leurs idées au lieu de les exposer, sont deux choses aussi contradictoires au point de vue de la raison, que menaçantes envers l'ordre et la liberté. La séparation de la théorie et de la pratique, l'attribution à des organes respectifs et indépendants de l'influence spirituelle et de l'autorité temporelle, enfin la concentration de l'action politique au sein d'une dictature exclusivement pratique, telles sont aujourd'hui les seules garanties de l'ordre et du progrès, de la conservation et de la liberté, le seul moyen d'éviter l'arbitraire et la confusion politiques, la lutte et les excès des partis, l'*inquisition* et la *terreur*, qui sont aussi bien le dernier mot de la rétrogradation que de l'anarchie![1] »

Les idées que nous venons d'exposer sur les trois partis qui personnifient la politique négative, de même que celles qui se rattachent à la *Politique positive*, sont extraites de l'ensemble de la doctrine d'Auguste Comte. On les trouve en partie résumées dans son remarquable *Appel aux Conservateurs*, publié en 1855; elles sont déjà en germe dans les cinq premiers opuscules qu'il publia de 1819-1826. Ce qui saisit tout d'abord dans cette remarquable exposition philosophique et politique, c'est la justesse et la profondeur des pensées. Le développement, toujours croissant de l'anarchie intellectuelle et morale qu'il prévoyait à cette époque éloignée et au milieu d'un calme apparent, se réalise aujourd'hui. L'union des conservateurs et des républicains sous la présidence des premiers, l'instinct de concorde inconsciente qui pousse

[1] *Notice sur l'œuvre et la vie d'Auguste Comte.* Paris, 1864, p. 99.

le centre droit vers le centre gauche, la soif de paix, le désir ardent d'une constitution stable, l'organisation de la République sur une base conservatrice, *l'ordre moral* que l'on invoque pour la première fois, comme garantie de l'ordre matériel; tout, en un mot, jusqu'à l'état de siége permanent et jusqu'à la demi-dictature que nous commençons à sentir, avait été prévu et touché du doigt par Auguste Comte.

Comte a toujours conféré la présidence de la transition organique aux Conservateurs réformés. Ce parti subsiste au milieu de l'anarchie croissante. Nous avons vu des chefs lettrés ou militaires, conservateurs ou rétrogrades, monarchistes ou républicains d'actualité, s'ériger par conviction ou à contre cœur, par la force des circonstances, en défenseurs des principes républicains. Nous avons vu naître un fœtus de République sur les genoux des machinateurs rétrogrades. Nous avons vu l'ombre lugubre du Socialisme de 1848, justement qualifié d'*intransigeant* par les républicains modérés. Ce conservateur tricolore désavoue la trahison de notre guerre.

Depuis l'épuisement spirituel du théologisme, l'Humanité a traversé trois périodes de dissolution, dont la dernière présente des germes de réorganisation systématique. Le XIXe siècle enfante le Positivisme. Le mal d'enfantement se prolongera pendant trois autres périodes, dans lesquelles *la liberté spirituelle et la dictature temporelle-républicaine* doivent nous régir. Nous aurons une dictature empirique et stationnaire, sceptique et progressive, puis systématique, sous un Triumvirat. Le pouvoir spirituel régulateur surgira avec le Pontife de l'Humanité. La temporalité-industrielle émanera du Patriciat recruté, en cas de nécessité, chez le Prolétariat, lorsque sous le Triumvirat, la Bourgeoisie et les classes ontologiques auront disparu. Cette transition organique nous conduira à la Sociocratie finale sous l'impulsion du parti de l'Ordre, d'après la vraie doctrine d'Aug. Comte.

CHAPITRE VII

L'ESTHÉTIQUE NÉGATIVE ET L'ESTHÉTIQUE POSITIVE [1].

« Le sentiment de l'Art consiste dans les émotions profondément senties et spontanement partagées. »
A. COMTE.

« L'Esthétique est l'art de combiner, d'embellir et d'exprimer nos images subjectives, d'après des images objectives fournies par les signes, les formes, et les sons [2].
A. COMTE,

On répète journellement que les Positivistes, imbus d'un réalisme positif, tuent

1. L'élaboration de l'esthétique positive est une des parties les moins connues de la grande œuvre de Comte. M. Laffitte a abordé accidentellement ce sujet, dans son dernier cours de 1874-1875, sur l'appréciation des grands types de l'Humanité, suivant le *Calendrier positiviste*. Cette étude ne s'applique qu'à l'esthétique grecque, personnifiée dans Homère, Eschyle, Phidias et Aristophane. Quant à l'évolution historique de l'esthétique, à partir du Fétichisme jusqu'au début de notre siècle, elle n'a jamais été énoncée en dehors de Comte, chez qui, cette élaboration embrasse 260 pages disséminées dans ses trois Opuscules de 1820 à 1825, ainsi que dans onze volumes publiés de 1839 à 1856.

2. Cette définition a été formulée d'après les données de Comte *Politique positive*, t. II, p. 246-247.

l'idéalisation et la poésie. Rien de plus faux. Nous démontrons au contraire l'irrationalité du réalisme absolu. Les Positivistes peuvent à juste titre se proclamer idéalistes par excellence. Sentant profondément les beautés inouïes de l'Art, eux seuls en ont retracé l'histoire fidèle. Ils ont démontré l'aptitude esthétique du Positivisme, et l'office de l'Art dans la science et dans l'industrie; les véritables limites entre la contemplation synthétique de l'idéalité — l'esthétique, et la contemplation synthétique de la réalité — la science; entre le génie esthétique — concret et idéal, et le génie scientifique — abstrait et réel; ils ont subordonné le sentiment de la perfection idéale à la notion de l'existence réelle; ils ont signalé l'intime affinité entre l'essor esthétique et l'essor philosophique, scientifique, et industriel; ils ont prouvé que l'Art ébauche abstraitement la philosophie, et celle-ci la science, et qu'émancipé le premier du joug théocratique (sous Homère et Eschyle) et du joug catholique (sous Dante et Molière), il a émancipé aussi la Philosophie, qui a émancipé la science. Enfin, les Positivistes ont systématisé et dirigé l'Art vers sa destination finale, c'est-à-dire sociale, religieuse, et humaine. Nous allons jeter un coup d'œil rapide sur l'esprit et sur l'évolution de l'Art, dont nous réservons le développement pour notre 17ᵉ Monographie.

On fait dériver l'Art de l'*imagination* et on idéalise la *fiction*. Rien n'est moins vrai que l'imagination; rien n'est moins senti que la fiction; rien n'est plus antipoétique que l'imagination et la fiction.

Le positivisme fait dériver l'Art du *sentiment* et idéalise la *réalité*. Il fournit à l'idéalisation subjective une base objective qu'il tire de la réalité. Il donne à l'Art des conditions et des mœurs fixes, sans lesquelles la poésie n'a rien de grand à retracer, rien de grand à stimuler. Il définit l'Art :
« la représentation idéale de la vérité, des« tinée à cultiver l'instinct de la perfection
« humaine. »

Émané du culte et destiné à idéaliser le

dogme et le régime, l'Art construit des types dont la science lui fournit les bases. L'*imitation*, l'*invention*, et l'*expression* sont les trois attributs statiques de l'Art, dont l'ensemble constitue l'Idéalisation. L'Art doit se borner à idéaliser et à stimuler, à charmer et à améliorer la vie humaine, sans jamais prétendre la diriger. Si l'on confie la suprématie intellectuelle à l'imagination, on fait prévaloir les impressions subjectives sur les faits objectifs, on érige la folie en type moral.

Le domaine de l'Art est aussi étendu que celui de la science : tous deux embrassent l'ensemble des réalités que la science apprécie et que l'Art embellit. Partant de l'idéalisation du spectacle inorganique et céleste, où l'ordre et la grandeur manifestent les premiers caractères de la beauté plastique, l'Art parcourt les degrés intermédiaires de la hiérarchie encyclopédique, jusqu'à sa destination humaine, où la contemplation esthétique idéalise les beautés morales. Comme les affections sont par dessus tout modifiables, idéalisables et perfectibles, le sentiment devient l'âme de l'Art où il puise les moyens et le but. L'Art embellit le *Vrai*, le *Bon* et le *Beau* de manière à établir la plus intime harmonie entre les trois grandes créations de l'Humanité. L'Art reflète l'unité humaine d'après la pensée, le sentiment et les actes. De là cette heureuse aptitude de l'Art — « ce reflet naturel de l'Humanité » — à toucher toutes les fibres de notre existence, à charmer tous les rangs et tous les âges.

Auguste Comte applique aux Arts le principe de la généralité décroissante ou de la spécialité croissante, qu'il érige en régulateur universel de toute classification positive. En devenant moins général et plus technique, l'Art tend vers l'idéalisation inorganique et plastique. La hiérarchie esthétique débute par la *Poésie*; elle est l'art le plus général et le moins technique, puisqu'elle embrasse notre existence personnelle, domestique et sociale. Pour que l'ordre artistique puisse correspondre à l'ordre biologique de la sociabilité décroissante des Arts, leur classement se rapporte aux sens auxquels ils s'adressent. L'ouïe et la vue, auxquels correspondent les langages idéal et mimique, sont les seuls sens esthétiques qui s'élèvent à l'idéalisation. L'odorat, plus synthétique, est trop faible chez l'homme pour comporter des effets d'art. Le sens de l'ouïe, le plus affectueux, fournit l'art musical, et le sens de la vue, bien que moins esthétique, fournit les trois arts de la forme dans l'ordre suivant : la peinture, la sculpture et l'architecture. Ces arts sont plus techniques que l'art musical; leur domaine est moins étendu et ils s'éloignent davantage de la source poétique, avec laquelle la musique fut longtemps confondue. L'architecture est une transition entre l'art et l'industrie.

L'ÉVOLUTION DE L'ART [1].

Le Fétichisme. — Si le Fétichisme eût pu développer le sentiment de la vie publique,

---

1. Le manque d'espace nous oblige à nous limiter à la poésie.

sa puissance esthétique aurait laissé des monuments épiques et dramatiques équivalents aux grandes inspirations polythéistiques et probablement plus touchantes. L'assimilation directe de toute chose au type humain est plus poétique que leur interprétation indirecte par des volontés surnaturelles. Grâce à sa grande spontanéité et à sa profonde base affective, la causalité fétichique rendait plus familière la double relation d'après laquelle les images servent à rattacher les signes aux sentiments. A défaut de l'imagination, qui constitua l'idéalisation polythéistique, l'âge primitif de l'Humanité fit spontanément surgir la culture de l'Art, surtout de la poésie et de la musique, en vivifiant la matière et en faisant émaner nos facultés esthétiques de la vie affective et domestique ; il fit aussi surgir la mimique, la danse et la mélodie, qui furent complétées par l'harmonie et la danse cultuelle chez la Théocratie.

Le Polythéisme théocratique-conservateur. — La constitution esthétique de la théocratie fut le type anticipé de l'avenir de l'Art. Mais une systématisation aussi profondément synthétique et prématurée conduisit le Sacerdoce à subordonner au culte l'ensemble des moyens esthétiques et dut entraver les développements spéciaux de l'art et de la science. Tant que l'Art adhéra au culte, il ne put que préciser des conceptions dogmatiques. Le culte constitua l'idéalisation du dogme et du régime à un plus haut degré que sous le monothéisme. La poésie sacerdotale dans les chants hébraïques nous révèle la sublimité de ses fonctions et la dignité de ses organes sous une imposante grandeur. L'esprit synthétique du sacerdoce compléta et systématisa la langue et régularisa l'écriture hiéroglyphique, spontanément ébauchée par le Fétichisme.

Le Polythéisme progressif-intellectuel. — En s'émancipant des entraves théocratiques, l'Art perdit en dignité ce qu'il gagna en perfection et en étendue. La civilisation grecque ne remplaça jamais l'office religieux de l'Art par une vraie destination sociale; elle ne lui procura qu'une liberté vague et stérile. La nature humaine n'était pas assez connue pour devenir idéalisable. Le génie grec se vit contraint d'idéaliser les types divins du Polythéisme. Mais bientôt l'Art osa modifier des croyances aussi peu déterminées, de manière à sanctionner spontanément les nobles aspirations dont les vrais poëtes furent toujours les meilleurs organes. Forcé de s'ouvrir un domaine factice, l'Art manifesta l'inaptitude esthétique d'une situation qui ne lui procurait presque aucune impulsion éminente. Les artistes tombèrent sous le joug d'une monstrueuse cupidité, sous le joug des grands et des riches. N'est-il pas affligeant de voir Pindare consumer son génie en pompeuses déclamations pour les athlètes qui le nourissaient? Les Phidias, les Apelle, les Ictinus même ne purent éluder cette pression temporelle. C'est ce qui explique l'extrême rareté des grands poètes grecs. Pendant treize siècles, la Grèce ne suscita que *deux* génies de premier ordre : l'un épique, l'autre dramatique, séparés par un intervalle de quatre siècles durant lesquels pullulèrent les médiocrités.

Sous une véritable impulsion civique et exceptionnelle, Homère et Eschyle vinrent, aux temps marqués, fournir à l'Humanité les types éternels du double essor de la libre poésie. La rupture du frein théocratique permit au génie poétique d'Homère de s'élever à la destination sociale de l'Art, en idéalisant dans l'*Iliade* la vie publique et dans l'*Odyssée* l'existence privée. Le chantre d'Achille et d'Ulysse fournit au présent les plus sages conseils et formule les meilleurs pressentiments de l'avenir. En idéalisant la guerre, il souscrit aux nécessités présentes de la Grèce, mais il ne dissimule point sa prédilection pour la paix. Il proclame la fraternité universelle à travers l'esclavage dont sa grande âme sent déjà le vice au sein d'une civilisation où cette institution manquait son but. Adraste, vaincu par le fils d'Astrée, tombant vif au pouvoir de Ménélas, contient, comme dit M. Laffitte, la vraie théorie de l'esclavage : *c'est le vaincu épargné.*

Le génie poétique d'Homère, ajoute Comte, a été surpassé, mais son influence sociale ne le sera jamais. Il est regrettable que l'école de Vico et de Wolff ait pu méconnaître l'admirable unité épique du chantre de Chio, et jusqu'à sa personnalité, remplaçant le poète par le chœur immense des Hellènes [1], et que Niebuhr ait pu appliquer cette théorie étrange à l'histoire des premiers siècles de Rome.

De cette source épique émanèrent de grandes compositions dramatiques destinées à en développer les principaux tableaux. C'est à cette source qu'Eschyle s'abreuva. Il fut surnommé, par les Athéniens, *le père de la Tragédie.* M. Laffitte remarque que la Tragédie, qui veut dire le *chant du bouc,* émane du culte de Bacchus, et que ce fut Épigène de Sicyone qui apporta la première innovation radicale. Eschyle l'ayant complé-

---

[1]. Voir la réfutation de M. Laffitte dans ses *Grands types de l'Humanité,* t. II, p. 88.

tée, Sophocle et Euripide y introduisirent des perfectionnements de moins en moins marquants.

La participation personnelle d'Eschyle à la gloire de Marathon démontre combien son génie s'inspira par l'héroïque résistance de la Grèce. Dans sa tragédie des *Perses*, il place dans leur bouche le récit du désastre de Xerxès. Mais c'est surtout dans son chef-d'œuvre, que l'on découvre l'empreinte des sentiments anti-théocratiques que la lutte contre la Perse développa. En idéalisant *Prométhée enchaîné*, Eschyle voulut flétrir l'oppression sacerdotale contre le sage théocrate, dévoilant aux mortels les trésors des arts et des sciences dont la théocratie coloniale s'était réservé le secret mystérieux. Dans ce type admirable et dans sa protestation énergique contre l'avilissement théocratique, son génie personnifia le vrai pouvoir spirituel. Tous ses autres tableaux se rapportent indirectement à cette activité collective.

Dans le triple art de la forme seule, la sculpture atteignit une perfection exceptionnelle d'exécution, grâce à des mœurs qui autorisaient le spectacle public de la nudité. Mais ces chefs-d'œuvre, remarque Comte, présentent toujours l'idéalisation corporelle dépourvue d'élévation morale et même intellectuelle, au point d'offrir des têtes d'une exiguité telle que l'amour et la pensée ne peuvent s'y loger.

Après les deux efforts décisifs d'Homère et d'Eschyle, la poésie ne pouvait plus comporter de destination sociale à la suite de l'expédition d'Alexandre. Malgré sa forme collective, cette dernière action fut trop personnelle et trop factice pour susciter de grandes inspirations esthétiques. Les jours de Troie, de Marathon, des Thermopyles, de Salamine ont à jamais disparu et, avec eux, les Achille, les Miltiade, les Léonidas, les Thémistocle. D'autre part, après le siècle de Périclès, qui mit fin à la prépondérance artistique et sociale d'Athènes, l'Art s'était épuisé. On voit le caractère poétique persister encore chez Sophocle, le faible continuateur d'Eschyle, mais dès Euripide commence la longue suite des versificateurs et des prosateurs dont les œuvres n'ont presque d'autre but que de propager spontanément l'émancipation mentale et plus souvent l'anarchie morale. Aristophane vient clore l'ère de la grandeur poétique de la Grèce dans des satires dialoguées, railleuses, fantaisistes, et licencieuses. La guerre du Péloponèse paralysa le mouvement artistique. Lorsqu'Athènes eut succombé, le grandiose fit place au léger et au frivole. On délaisse les Dieux sévères de Polyclète, de Phidias, pour s'attacher à des divinités efféminées, Bacchus, Apollon, Vénus, les Amours, les Grâces, les Déesses voluptueuses. La conquête d'Alexandre fait refluer de l'Asie sur la Grèce une prodigieuse quantité d'ouvrages d'art d'un fini surprenant. Enfin, lorsque la conquête romaine transporte à Rome les chefs-d'œuvre de la Grèce, c'est en vain que les artistes y suivent leurs modèles [1]. La flamme est éteinte, l'Art n'est

1. Voir ce passage dans Laffitte : *Les grands types de l'Humanité*, t. II, p. 69-70.

plus qu'un cadavre que les efforts des vainqueurs ne parviennent pas à faire revivre.

Remarquons bien la logique et l'immuabilité des lois sociologiques. L'émancipation et l'évolution premières de l'Art furent suivies de celles de la Philosophie, puis de celles de la science. De même, à la décadence de l'Art succéda celle de la Philosophie, puis celle de la science. L'Art, la philosophie, et la science venant à déchoir, la Grèce ne tarda pas à perdre et sa liberté et jusqu'à sa nationalité. Lorsqu'après la prise de Corinthe par Mummius, la Grèce fut convertie en province romaine — l'an 146 avant Jésus-Christ — sa noble civilisation, par une fatalité irrécusable, avait déjà épuisé toutes les conquêtes abstraites dont les lauriers, sous l'égide d'un *pouvoir spirituel*, étaient prédestinés à la postérité. Et comme le dit Comte : « la civilisation grecque fut sacrifiée aux destinées de l'Humanité. » Le torrent du progrès humain s'achemina à Rome vers sa destination sociale, respectant les fondements de l'élaboration que la Grèce a légués à l'avenir sous la forme de *conceptions abstraites*.

Le Polythéisme progressif-social. — L'évolution grecque ayant élaboré les facultés abstraites, l'évolution romaine élabora les facultés actives : la *sociabilité*. L'activité civique absorba toute la puissance synthétique des Romains, de manière à produire une concentration cérébrale vers un but social qui ne sera jamais surpassé. Si, lorsque l'activité dominante fut assez développée, Rome ne vit point surgir des aspirations décisives vers les conquêtes esthétiques et scientifiques, cela provient de cette halte qui devait surgir après le principal essor abstrait de la Grèce et avant son accomplissement. Sentant la stérilité de nouveaux efforts, les Romains se bornèrent à propager les découvertes grecques. Des compositions remarquables, mais non éminentes, prouvent que le polythéisme romain n'aurait pas été moins apte à l'Art qu'à la science, s'il avait pu s'y livrer avant que les grands efforts fussent devenus inopportuns.

Malgré son exagération poétique, Virgile caractérisa la politique romaine, personnifiée dans César, au moment de la transition de la suprématie de la caste sénatoriale à la suprématie des empereurs : *Parcere subjectis et debellare superbos.* Il caractérisa également l'avortement de la noble politique grecque résumée dans cet hémistiche : *pacis imponere morem.* Enfin, le génie romain prépara l'incomparable essor que l'Art reçut chez ses héritiers. Virgile inspira le Dante et la civilisation romaine inspira Corneille.

Le Monothéisme. — La première phase du moyen âge, du ve au viie siècle, embrasse l'ébauche primitive d'une nouvelle sociabilité destinée à renouveler nos facultés esthétiques; la deuxième phase, du viiie au xe siècle, embrasse l'ébauche des langues modernes; la troisième phase, du xie au xiiie, embrasse le développement spontané de l'Art.

Le Monothéisme compléta l'élaboration intellectuelle du Polythéisme grec et l'élaboration sociale du Polythéisme romain par l'élaboration affective qui vint ébaucher notre unité mentale. D'autre part le Fétichisme fonda le langage sur le *sentiment*, le Polythéisme y fit dominer l'*imagination*, et le Monothéisme accorda au *raisonnement* une certaine influence auparavant impossible. D'après ces trois données, l'ébauche des langues modernes put surgir sous la deuxième phase. Avec une langue affectueuse, une existence domestique et des mœurs idéalisables, l'esthétique aurait trouvé un vaste champ d'idéalisation. Mais la synthèse chrétienne n'embrassait que la vie affective, elle repoussait l'imagination et craignait la raison. La foi monothéique n'encourageait que l'existence personnelle d'après de naïves utopies mystiques destinées à cultiver les doux instincts de la vie future. Voilà pourquoi, sauf d'admirables hymnes, le christianisme n'inspira jamais d'autre poésie qu'un rêve sur le jugement dernier.

Néanmoins, des compositions chevaleresques, en partie provoquées par les croisades, témoignèrent de la tendance esthétique de la dernière phase du moyen âge. L'introduction de la rime dans le style poétique et dans les hymnes latins compensa l'infériorite phonétique que la langue encourait. En architecture, les constructions théocratiques sont seules comparables, en puissance esthétique, à ces sublimes cathédrales où la majesté de l'expression religieuse devint plus nette lorsque ces temples furent convertis en sanctuaires des arts.

Malheureusement l'Art ne put surmonter la concentration d'une synthèse absolue, incapable de consacrer la moindre activité sociale. Exclusivement préoccupé de lier chaque homme à Dieu, le Monothéisme fit complétement abstraction de notre existence matérielle et terrestre, existence que l'on ne pourra jamais éliminer du concours social. Toutefois, en sanctionnant l'inertie pratique, d'après la malédiction divine du travail et la réprobation de la guerre, le monothéisme chrétien consacra vaguement la transformation de l'activité guerrière en activité défensive, préparant ainsi l'avénement occidental de la vie pacifique et industrielle. Enfin l'état social des neuf siècles du moyen âge devint spontanément le berceau de la grande évolution esthétique de la société moderne, même jusqu'à nos jours.

Le mouvement spontané. — Dès la chute du régime catholico-féodal, nous entrons dans cinq siècles d'anarchie universelle, toujours croissante. Du xive au xve siècle, le mouvement est spontané; du xvie au xviie siècle, le mouvement stimulé devient systématique, mais incomplet, et aboutit au triomphe simultané du *Gallicanisme* et de l'*Anglicanisme;* dans la troisième phase, le mouvement également systématique, mais complet, est, en partie, érigé en vue de la politique moderne et nous conduit jusqu'à l'avénement de la grande crise française. Les trois périodes *spontanée, protestante,* et *déiste,* sont parfaitement tranchées dans leur double mouvement de désorganisation et de réorganisation, bien que la nature de ce dernier soit forcément moins prononcée.

Elles embrassent respectivement les évolutions industrielle, esthétique, scientifique, et philosophique, qui caractérisent le double mouvement temporel et spirituel.

Au début de la première phase et sous l'impulsion inaperçue du moyen âge, l'essor esthétique du génie moderne produisit l'incomparable épopée où le Dante s'élève à la sublimité de l'art humain. Le poète se trouve inconsciemment placé entre une double impulsion : il obéit à l'inspiration idéale du catholicisme; il est dominé par l'impulsion révolutionnaire, sous l'ascendant de la métaphysique scolastique. L'audace de cette composition caractérise déjà le déclin des croyances chrétiennes, ainsi soumises au jugement esthétique par l'usurpation énergique des droits suprêmes d'apothéose, de jugement final et de damnation! Mais le chantre de Béatrice arrivait à point : le siècle précédent aurait repoussé la *Divina Commedia* comme un sacrilége, tandis qu'au siècle suivant, elle serait devenue superflue. Aujourd'hui, elle n'a plus qu'un mérite historique et surtout littéraire. Profondément pénétré du régime intellectuel du moyen-âge, Dante y retrace involontairement le caractère social, en subissant admirablement son influence morale, comme le démontre la flétrissure de la *trahison*. Dans un passage vague, mais profond, sur la régénération finale, il représente l'ensemble de la révolution moderne, et résume même l'histoire de l'Humanité, bien que la filiation historique y soit troublée par un amour aveugle de l'antiquité.

Un tel élan ne put surmonter les entraves que l'Art éprouva bientôt sous une situation instable et confuse. Une admiration trop servile pour les chefs-d'œuvre de l'antiquité — préconisés par Dante, Pétrarque et Boccace—constituait plutôt une tendance rétrograde. Elle tendait à éteindre les plus précieuses des qualités esthétiques : l'originalité et la popularité. Le service qu'on retira de ce retour vers l'antiquité fut de prévenir les aberrations que l'Art aurait éprouvées à défaut de convictions et de sentiments idéalisables. Cette influence, qui s'exerça sous la seconde phase, prit naissance vers le milieu de la première phase.

La réaction poétique se manifesta au xve siècle et suscita les compositions mystiques qui constituent le dernier produit du génie catholique. L'impulsion divine remplaçait l'impulsion humaine suivant l'exacte définition de Kempis : *Gratia, sive dilectio*. La postérité ne cessera d'admirer l'ébauche grossière, mais sublime, du tableau systématique de la nature humaine de T. Kempis. Dans son *Imitation de Jésus-Christ*, il suffit de remplacer Dieu par l'Humanité pour y reconnaître le pressentiment spontané de notre existence normale, à travers une synthèse nécessairement imparfaite, pourtant supérieure à la disposition révolutionnaire. Lorsque cette supposition devient impossible, cela tient uniquement au caractère égoïste de cette systématisation anticipée. La composition offre un type éminent du genre *lyrique* propre au régime catholique, car les formes épique et dramatique échappèrent au catholicisme et lui furent hostiles.

Le mouvement protestant. — En transmettant l'influence du moyen âge, l'évolution spontanée de la première phase révolutionnaire produisit une impulsion esthétique, qui détermina sous la seconde phase un mouvement poétique vraiment admirable, auquel participèrent tous les éléments occidentaux. L'agitation protestante et la tardive élaboration de la langue paralysèrent le progrès esthétique de l'Allemagne, qui fut cependant sensible en Hollande, l'avant-garde de la civilisation germanique.

On vit surgir une épopée d'une remarquable combinaison entre la vie privée et la vie publique, bien que celle-ci ne pût y prévaloir. Arioste offrit indirectement une première ébauche de la poésie historique, en rapportant ses tableaux au moyen âge où domine le caractère chevaleresque. Cette ébauche fut le germe d'une autre combinaison plus pure mais moins éminente, où le Tasse entreprit l'idéalisation des Croisades avant d'être en mesure d'apprécier la difficulté du sujet qui devait rester prématuré, tant qu'on n'aurait pas concilié le Catholicisme et l'Islamisme.

Sous cette double impulsion émanée de l'Italie, l'Espagne produisit une peinture d'abord épique, puis dramatique, de l'existence privée, — personnelle et domestique — mieux préservée de l'anarchie moderne. Ces deux aspects de la vie se combinèrent spontanément dans la merveilleuse composition où Cervantes rattache sans efforts toutes les affections de la famille à l'*individualisme* le plus excentrique, ébauchant à son insu, la vraie théorie de la *folie*. Des tableaux de Cervantes auraient pu surgir le principe de Broussais, sur l'identité entre la maladie et la santé, et celui de Comte, sur les limites de variation entre la raison et la folie. Dans son étude satyrique des travers humains, Cervantes fait implicitement sentir le principe de la logique positive, d'après lequel la rectitude mentale consiste à former l'hypothèse la plus simple propre à chaque cas. On y saisit encore la variabilité du rapport normal entre la subjectivité et l'objectivité selon l'état correspondant de l'existence sociale. Ainsi préparé, Calderon de la Barca idéalisa l'ensemble des liens domestiques et fit judicieusement sentir leur aptitude naturelle à constituer la principale base du bonheur humain.

Le génie profondément original de Shakspeare s'efforça de combiner la vie privée et la vie publique ; il attribua à celle-ci sa juste prépondérance, sans se laisser entraver par une séparation entre l'épopée et le drame, plus apparente que réelle, et d'ailleurs temporaire. Malheureusement son milieu protestant le détourna du moyen-âge, et l'empêcha même d'apprécier assez l'antiquité. Ce libre penseur se vit alors forcé de réduire ses principaux tableaux à des temps trop rapprochés pour comporter une suffisante idéalisation.

Mais l'essor décisif de la poésie historique avait été réservé au grand Corneille, qui retraça noblement les phases dramatiques de la civilisation romaine, mieux idéalisable qu'aucune autre. Après s'être borné à peindre trop abstraitement, sous des noms presque arbitraires, nos principales passions, Racine comprit enfin la réforme que Corneille venait d'introduire dans le drame moderne. Sentant que celui-ci avait épuisé l'idéalisation dramatique du monde romain, il tenta dans son dernier chef-d'œuvre l'idéalisation des principaux attributs du régime théocratique, dans son type le plus connu bien que le moins caractéristique. Un grand talent de style procura à Racine une prééminence illégitime et passagère qu'il usurpa sur Corneille.

Il fallait cette représentation du passé, pour que la vie privée pût à son tour fournir au mouvement moderne la manifestation de sa critique et de sa tendance organique. C'est alors que vint l'incomparable Molière! Il sut spontanément remplir ces deux conditions, flétrissant les classes rétrogrades et corrigeant les classes progressives. Il sentit la vraie nature de la révolution occidentale plus intellectuelle que sociale. Sous l'impulsion cartésienne, Molière discrédita les métaphysiciens et rectifia les médecins, dont l'attitude devenait vicieuse à mesure qu'ils perdaient la présidence scientifique. Son irrésistible critique s'exerça contre l'esprit catholique et contre l'esprit féodal avec le plus heureux sentiment de l'ensemble de la situation sociale. Il rectifia chez les classes dirigeantes les aberrations inséparables d'un ascendant purement empirique, contraire à leur vraie destination sociale. Cette éminente magistrature morale fut protégée contre les rancunes sacerdotale et nobiliaire par l'instinct confus, qui, dans la jeunesse de Louis XIV, fit soupçonner à ce monarque la tendance momentanée d'une telle critique à seconder l'établissement simultané de la dictature royale.

Enfin, une dernière manifestation, plus esthétique qu'aucune autre, parce que le génie organique s'y purifie de toute altération critique, surgit avec Milton. Dégagé de la vie publique, après l'avortement d'une crise prématurée, et ne trouvant pas autour de lui de dignes types de la vie privée, le noble républicain se vit forcé d'idéaliser la foi chrétienne, au moment où elle s'éteignait chez les esprits les plus avancés. Milton a beau consumer son génie poétique à nous peindre les damnés alternativement transportés, par un infernal raffinement, du lac de feu sur l'étang de glace ; l'idée des *bains russes*, remarque Comte, fait bientôt succéder le sourire à ce premier effroi. Elle nous rappelle que la puissance de l'habitude peut atteindre aussi le changement même, quelque brusque qu'il puisse être, dès qu'il devient assez fréquent. L'éternité de douleur aussi inintelligible que l'éternité de plaisir, ne saurait se concilier, dans notre imagination, avec cette aptitude de la vie animale à convertir en indifférence tout sentiment continu.

Quant au mouvement négatif, l'impulsion sociale poussait les poëtes à concourir à leur manière à la grande opération critique du XVIe siècle. Ce caractère si prononcé chez Molière et Lafontaine, et chez Corneille même, se fait aussi sentir jusque chez Racine et Boileau, — malgré leur ferveur religieuse, — par la direction anti-jésuitique de leur foi janséniste.

Le mouvement déiste. — Consacrée au scepticisme absolu, émanée de la philosophie négative, cette troisième phase ne fit que prolonger très-secondairement l'esprit esthétique de la phase antérieure et s'appliqua au développement épique de l'existence privée. Ce genre, le plus original de la littérature moderne, fut très-remarquable chez Lesage et Fielding. Il ne s'étendit point au drame où Molière reste sans émule. La protection de l'Art devint pour les gouvernements un devoir et non plus un calcul personnel. La domination spirituelle du journalisme et le développement des théâtres secondèrent l'Art. L'émancipation poétique s'accentua dans le parallèle entre les anciens et les modernes. Fontenelle et Perrault se rangèrent du côté des modernes, contre l'opinion de Racine et de Boileau. Fontenelle l'étendit heureusement au mouvement mental et fit ressortir, après Pascal, la loi du progrès et la continuité historique du moyen-âge. L'Art suivit le mouvement de désorganisation générale et revêtit un caractère de plus en plus critique qui lui procura une certaine destination sociale autrement impossible. Les poètes et les artistes, à peine affranchis des protections personnelles, s'érigèrent spontanément en chefs spirituels contre la résistance rétrograde. Mais aussitôt que la transition révolutionnaire réclama l'ascendant du mouvement de réorganisation positive, cette classe équivoque s'efforça de prolonger le règne de l'esprit critique, seul apte à maintenir sa prépondérance passagère. L'Art gémit encore sous le joug de cette Muse parvenue. En philosophie, en science, en politique, en religion, en tout, c'est la même divagation métaphysique dégénérée en *pédantocratie*.

Il faut cependant relever le sacrifice d'un poète tragique qui dirigeait l'émancipation spirituelle à laquelle il se voua, renonçant sans ostentation à la suprématie qu'il aurait obtenue au second rang. Personnifiant spontanément l'alliance de l'avenir entre le *vrai* et le *beau*, il consacra au succès la puissante variété de son talent, sans jamais hésiter à sacrifier les convenances esthétiques aux intérêts, même momentanés de l'élaboration négative : nous avons nommé Gœthe. Byron et lui, surtout Byron, ont pressenti la grandeur morale de l'homme affranchi de toute chimère oppressive. Mais le mouvement négatif ne permettait plus à l'Art que l'idéalisation du *doute* lui-même; l'un et l'autre ils ne purent aboutir qu'à des types insurrectionnels, conformes à leur office révolutionnaire. Ce régime passager leur permit d'étendre au milieu protestant l'émancipation émanée de la philosophie et de la science. Il est juste cependant de reconnaître que Byron, le plus grand poète de notre siècle, a mieux pressenti l'idéalisation de l'Humanité ainsi que la vraie nature mentale et morale de l'existence moderne; aussi, il a été le seul à tenter cette audacieuse régénération poétique, l'unique issue de l'Art. Il sut profondément saisir l'appréciation esthétique de l'état négatif de son milieu social, que d'impuissants imitateurs ont prétendu reproduire, ne concevant point que, par sa nature anti-poétique, cette situation transitoire ne pouvait comporter qu'une seule foi, et chez un tel génie, qu'une énergique idéalisation. L'aristocratie britannique — qui aurait dû s'honorer d'avoir engendré un lord Byron — aima mieux, par d'odieuses persécutions, constater, aux yeux de l'Europe, son esprit éminemment rétrograde.

On a trop méconnu l'école rétrograde qui surgit, au début de notre siècle, sous la noble présidence de de Maistre, dignement complétée par les conceptions statiques de Bonald, avec l'assistance poétique de Châteaubriand. Cette école discrédita systématiquement le *négativisme* et fit sentir que l'ensemble du passé ne saurait être compris sans un respect immuable. On doit rapporter à cette impulsion — provoquée par l'incohérence de l'ébauche de Condorcet —

l'avénement de l'épopée historique dans les compositions de Walter Scott, préparé par Châteaubriand et complété par Manzoni. Ce genre de composition, le mieux adapté à la civilisation moderne, d'où elle émane spontanément, manifeste son originalité et sa popularité par un mémorable perfectionnement : il établit une heureuse alliance historique entre la vie privée, jusqu'alors abstraitement envisagée, et la vie publique, qui, à chaque âge social, en modifie le caractère fondamental. Walter Scott et Manzoni ont idéalisé, l'un, l'évolution protestante, l'autre, l'évolution catholique. L'immortel auteur de sept chefs-d'œuvre — *Ivanhoë*, *Waverley*, les *Puritains*, etc., — fit un choix judicieux de phases sociales bien déterminées et convenablement éloignées, tandis que l'illustre auteur de *I promessi sposi* figurera aux yeux d'une postérité impartiale parmi les plus nobles génies esthétiques des temps modernes.

Ici prend fin cette brillante évolution esthétique tracée de main de maître par Auguste Comte. Tous les grands types esthétiques de l'Humanité y sont envisagés. L'Art, dit Comte, ne suppose jamais la médiocrité, puisqu'il doit surtout développer le sentiment de la perfection. Le vrai goût suppose toujours un vif dégoût.

D'après la règle de l'esthétique positive, on doit idéaliser en écartant les imperfections, sans introduire des qualités, pour que l'ordre artificiel ou subjectif devienne une heureuse extension de l'ordre naturel ou objectif. Le positivisme, loin d'abolir l'artifice logique des fictions esthétiques, introduit même en biologie des organismes imaginaires, analogues à la fiction de l'*espace* des géomètres. Ces fictions doivent surtout se rapporter à l'être humain, le plus modifiable, de manière à augmenter les effets d'art, sans jamais violer les lois fondamentales de la réalité.

L'Art, comme la religion, la philosophie, la science, et l'industrie, voit et recherche partout la main de l'homme. Idéalisons l'action de l'homme sur l'économie de la nature, sur les prodiges de l'Humanité! Idéalisons la hiérarchie encyclopédique représentée par les trois déesses typiques : *Matière, Vie, Humanité*. Là, l'ordre vital constitue le lien entre l'ordre cosmique et l'ordre humain ; objectivement, leur harmonie caractérise l'économie universelle et subjectivement, elle correspond à la constitution cérébrale.

Au point de vue de la religion de l'Humanité, le culte réalise le progrès moral et s'incorpore l'idéalisation du dogme intellectuel et du régime industriel. Élevons l'épopée et le drame à l'idéalisation de la vie privée et de la vie publique, à l'idéalisation de la famille, de la patrie, de l'Humanité. Chantons le nouvel homme en présence du nouveau Dieu, l'homme positif en présence de l'Humanité. C'est dans ce temple sacré où reposent les cendres immortelles de nos pères spirituels, c'est dans ce Panthéon que l'Art, la Science, et l'Industrie fraterniseront dans les bras du Grand Être, sous l'inspiration de la devise. *Aux grands hommes*, l'HUMANITÉ *reconnaissante*.

TABLE

Préliminaires.................................... I-XXIV

PREMIÈRE PARTIE.

Chap. I. — La Philosophie positive................ 1
Chap. II. — La Révolution d'Auguste Comte........ 41
Chap. III. — L'Evolution négative de l'Humanité... 58
Chap. IV. — L'Evolution positive de l'Humanité... 76
Chap. V. — La Révolution de la Philosophe positive... 93

DEUXIÈME PARTIE.

Chap. I. — Le fin mot du Positivisme.............. 111
Chap. II. — Les limites du Positivisme............ 133
Chap. III. — Comment se forment les sciences positives et les Positivistes.................. 144
Chap. IV. — Ce que nous sommes ; ce que nous étions au début du Christianisme.............. 177

TROISIÈME PARTIE.

Chap. I. — Le spiritualisme et le matérialisme négatifs. 193
Chap. II. — Le théisme, le déisme et l'athéisme négatifs. 201
Chap. III. — Le Fétichisme positif................. 210
Chap. IV. — La Physique négative et la Physique positive........................... 240
Chap. V. — Le Darwinisme négatif et le Comtisme positif. 261
Chap. VI. — La Politique négative et la Politique positive.. 313
Chap. VII. — L'Esthétique négative et l'Esthétique positive. 349

FIN.

ERRATA

Page 19, ligne 5, l'affiliation, lisez la filiation.
Page 41, ligne 10, perse, lisez presse.
Page 63, ligne 13, casualité, lisez causalité.
Page 97, lignes 23 et 24, casualité, lisez causalité.
Page 99, ligne 6, lois affectives, lisez lois effectives.
Page 154 ligne 3, notre existence, lisez notre nature.
Page 192, note, p. 11, lisez p. XI.
Page 224, la note 1 se rapporte à Stewart et la note 2 à Tyndall.
Page 226, ligne 18, Mosley, lisez Morley.
Page 258, note, ligne 4, attruisme, lisez altruisme.
Page 270, note, Aug. Comte, lisez d'après Aug. Comte.
Page 285 note, ligne 2, celle du ciel, lisez celles du ciel.

www.ingramcontent.com/pod-product-compliance
Lightning Source LLC
Chambersburg PA
CBHW052137230426
43671CB00009B/1285